Il mio libro da colorare

Pasqua

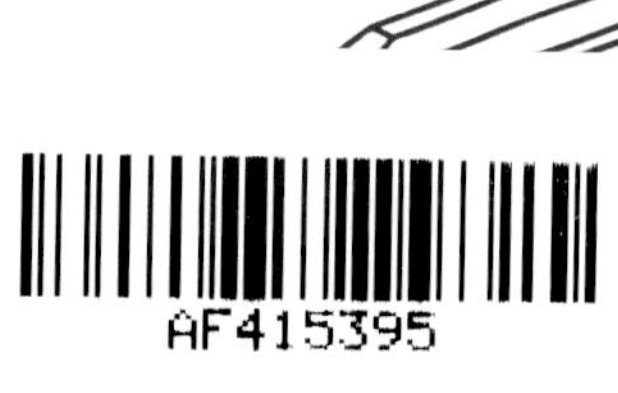

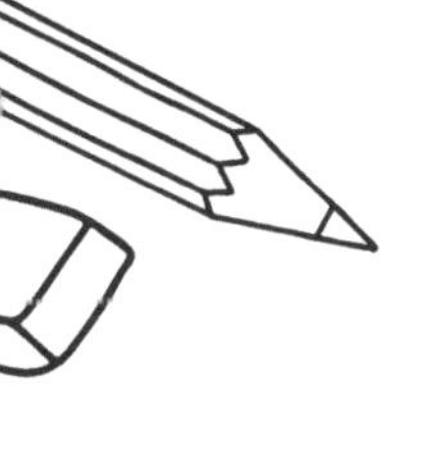

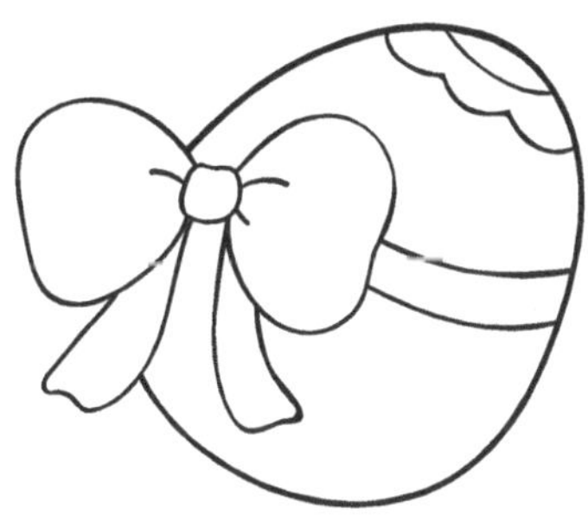

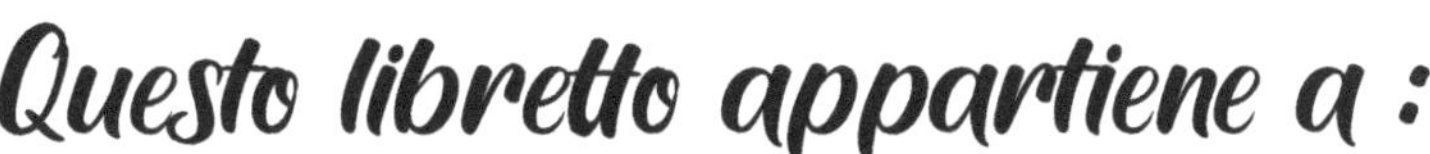

Questo libretto appartiene a :

....

Prendi i tuoi pastelli e divertiti a colorare

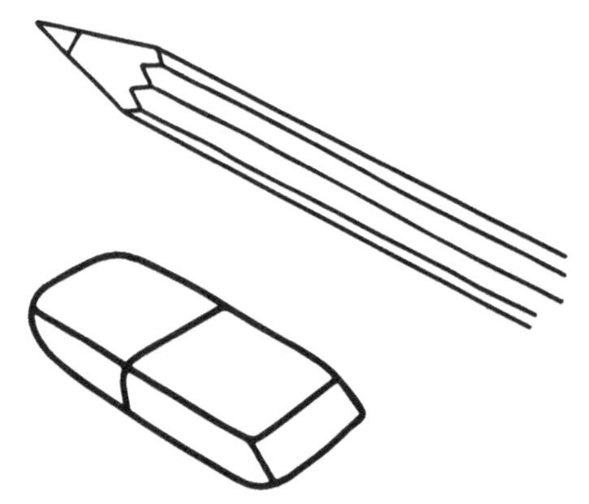

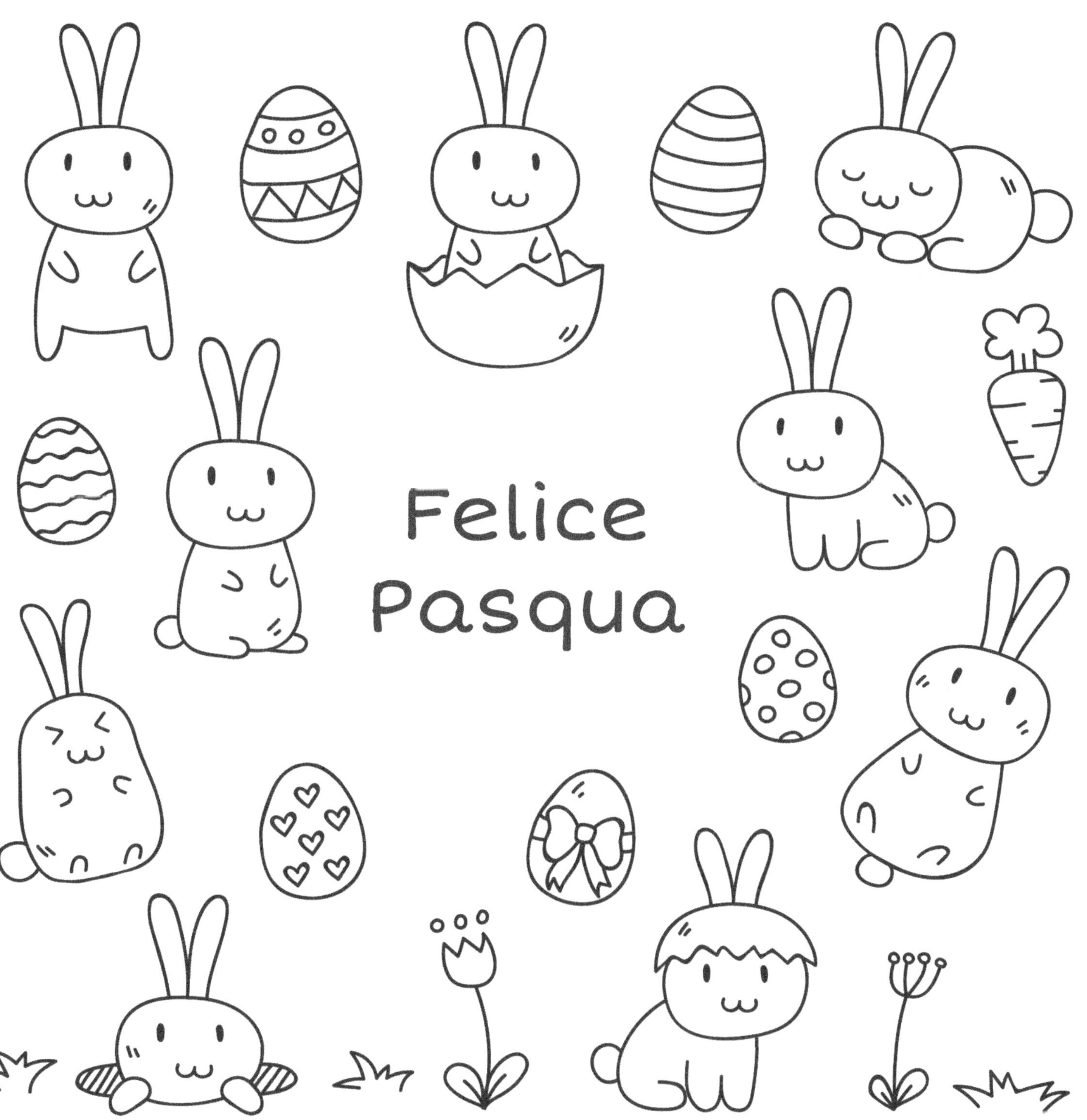
Felice
Pasqua

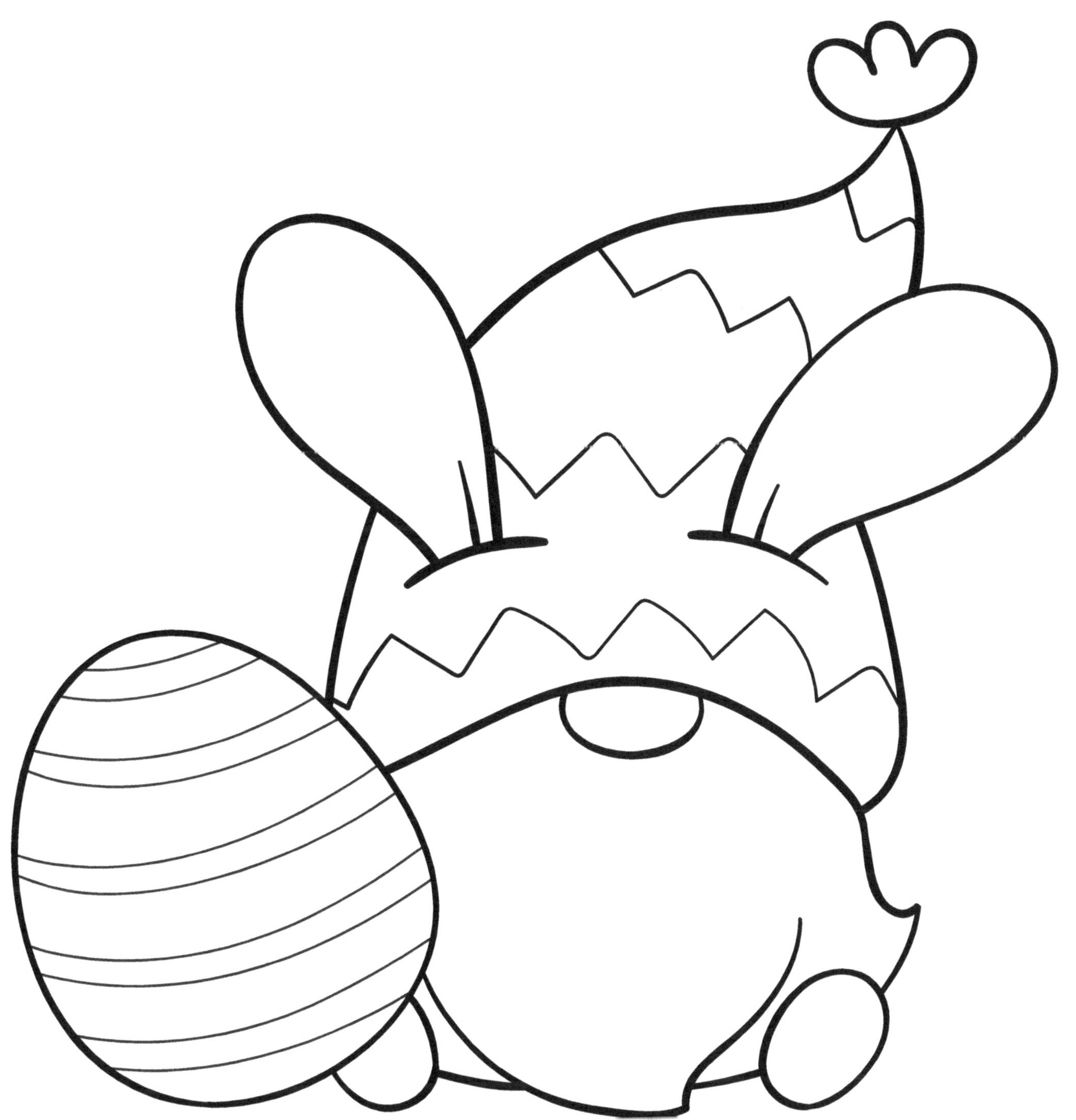

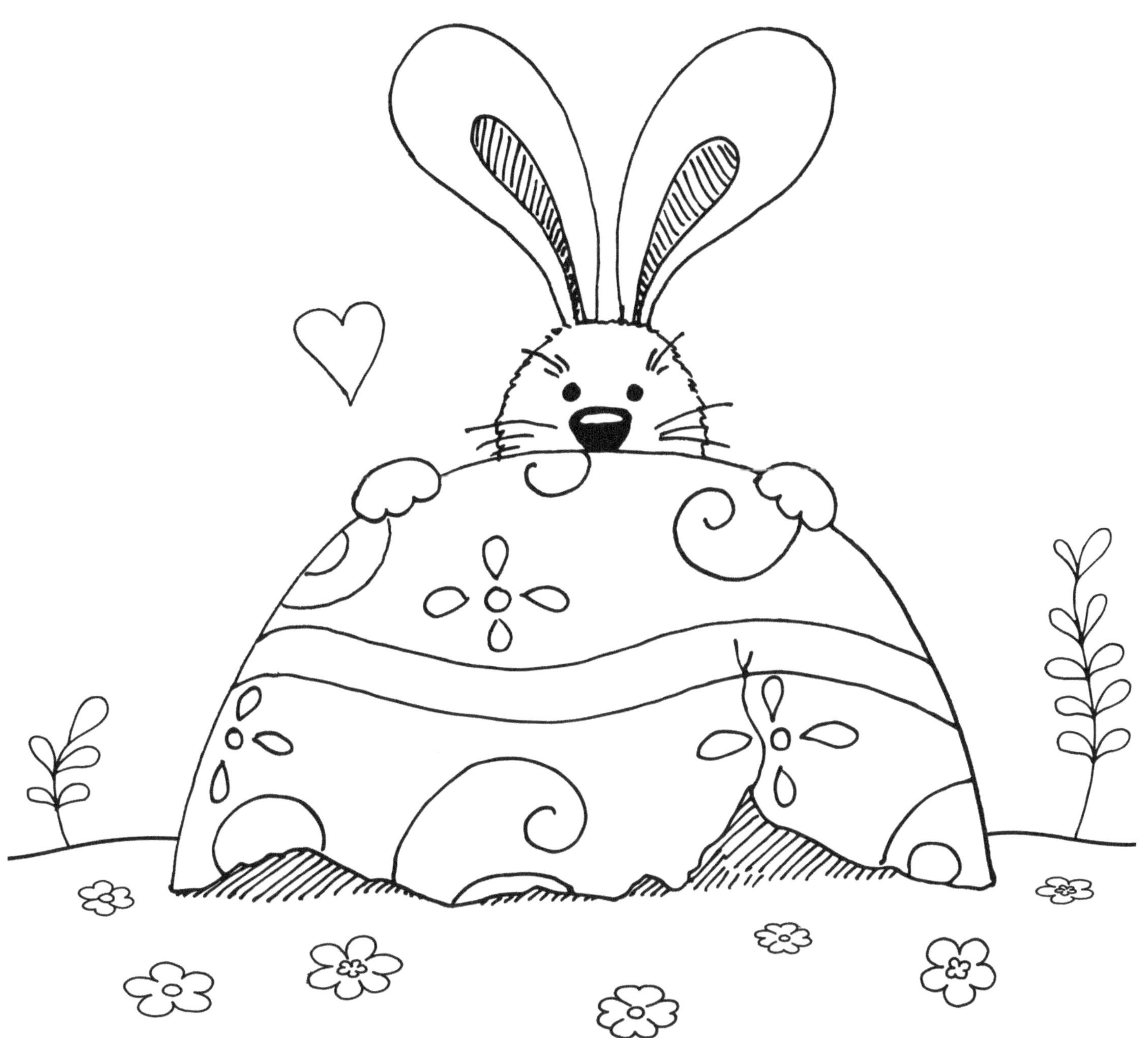

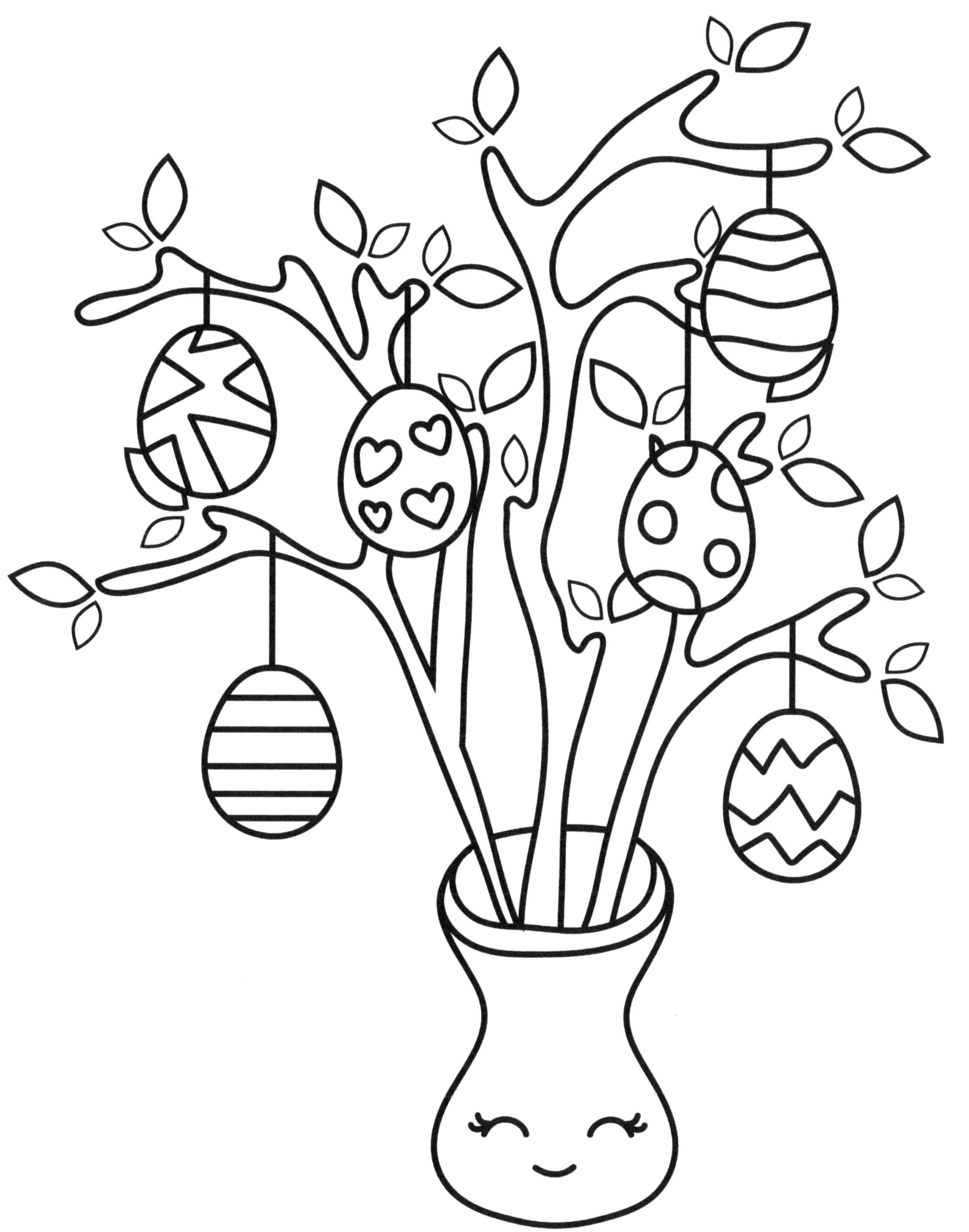

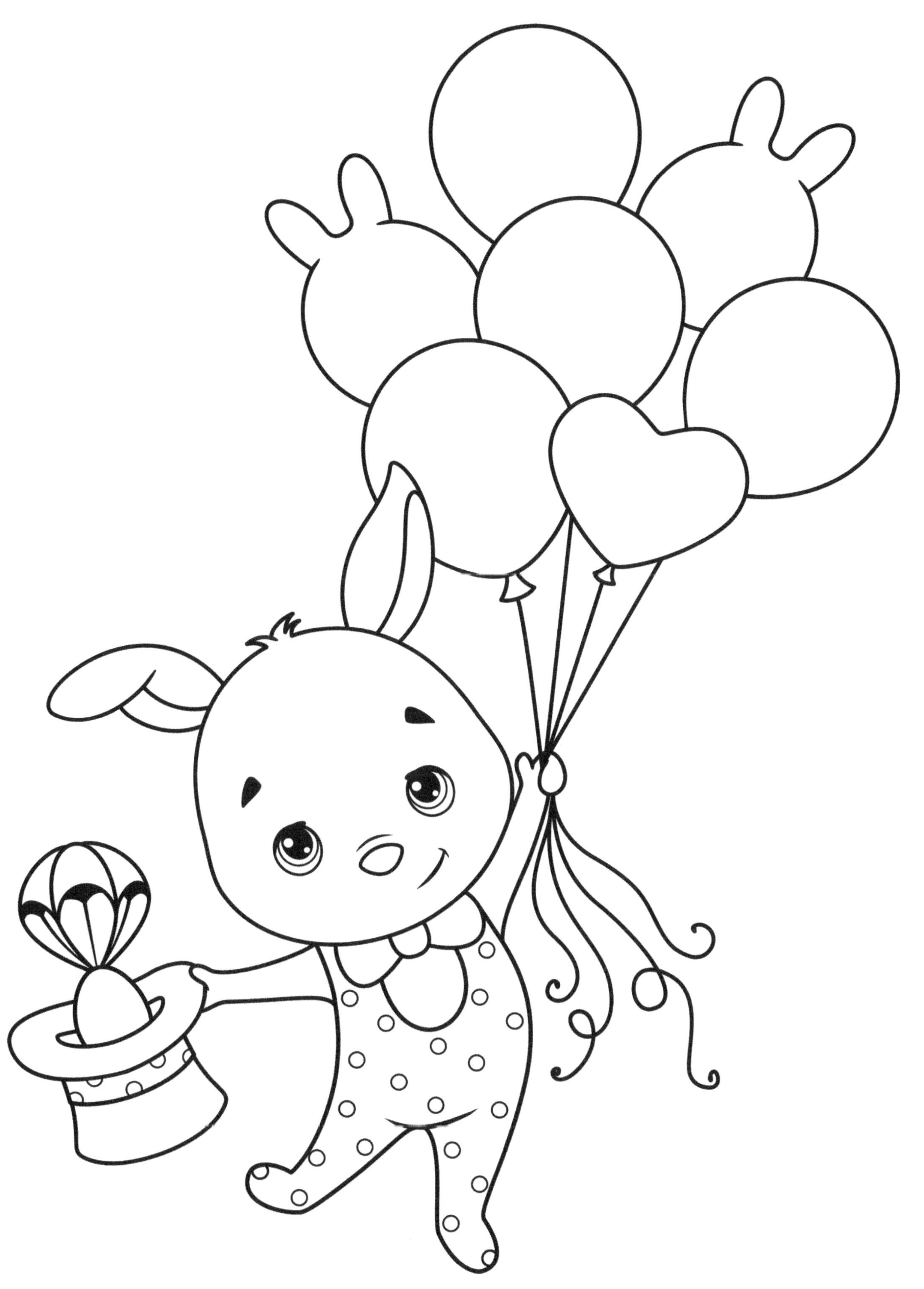

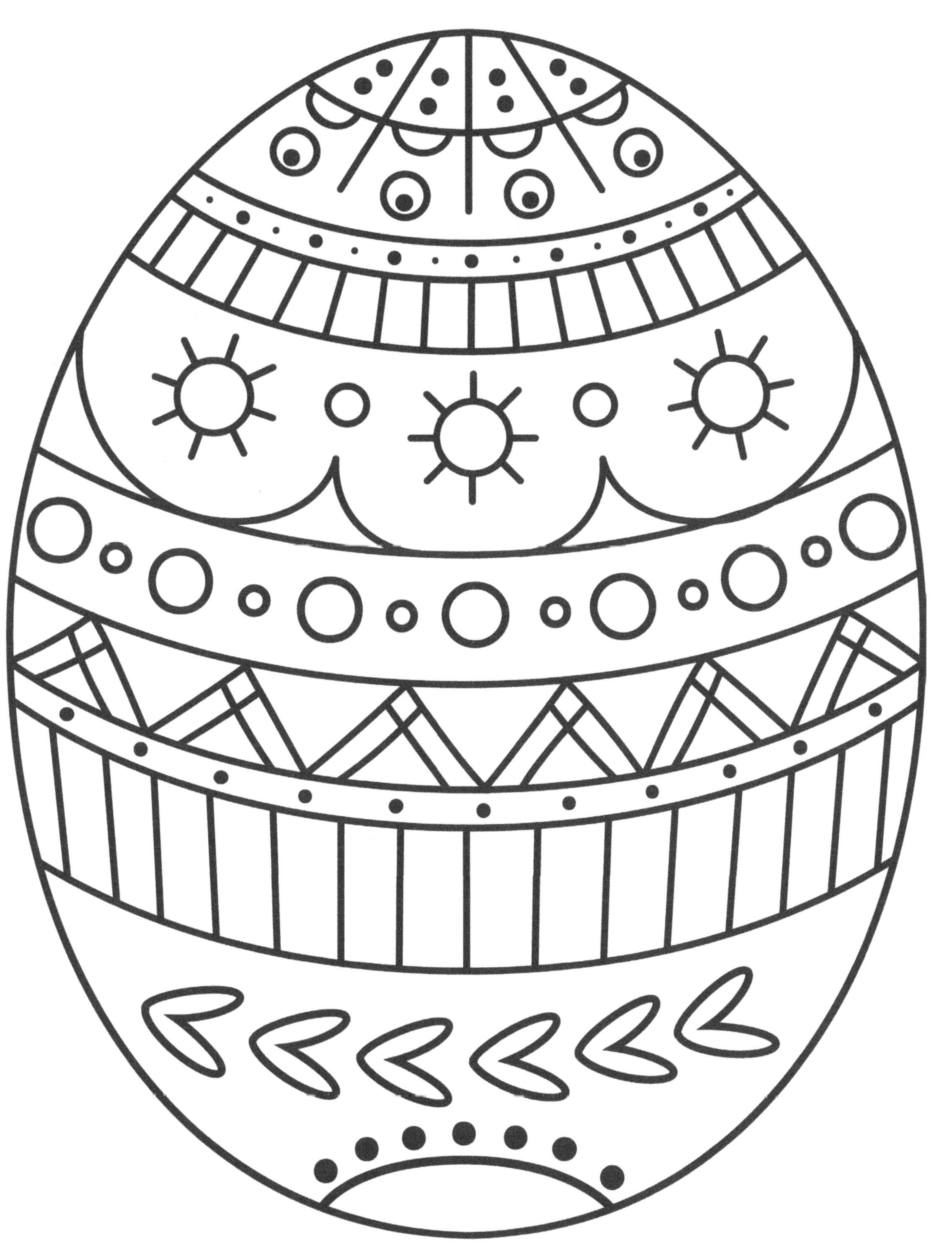

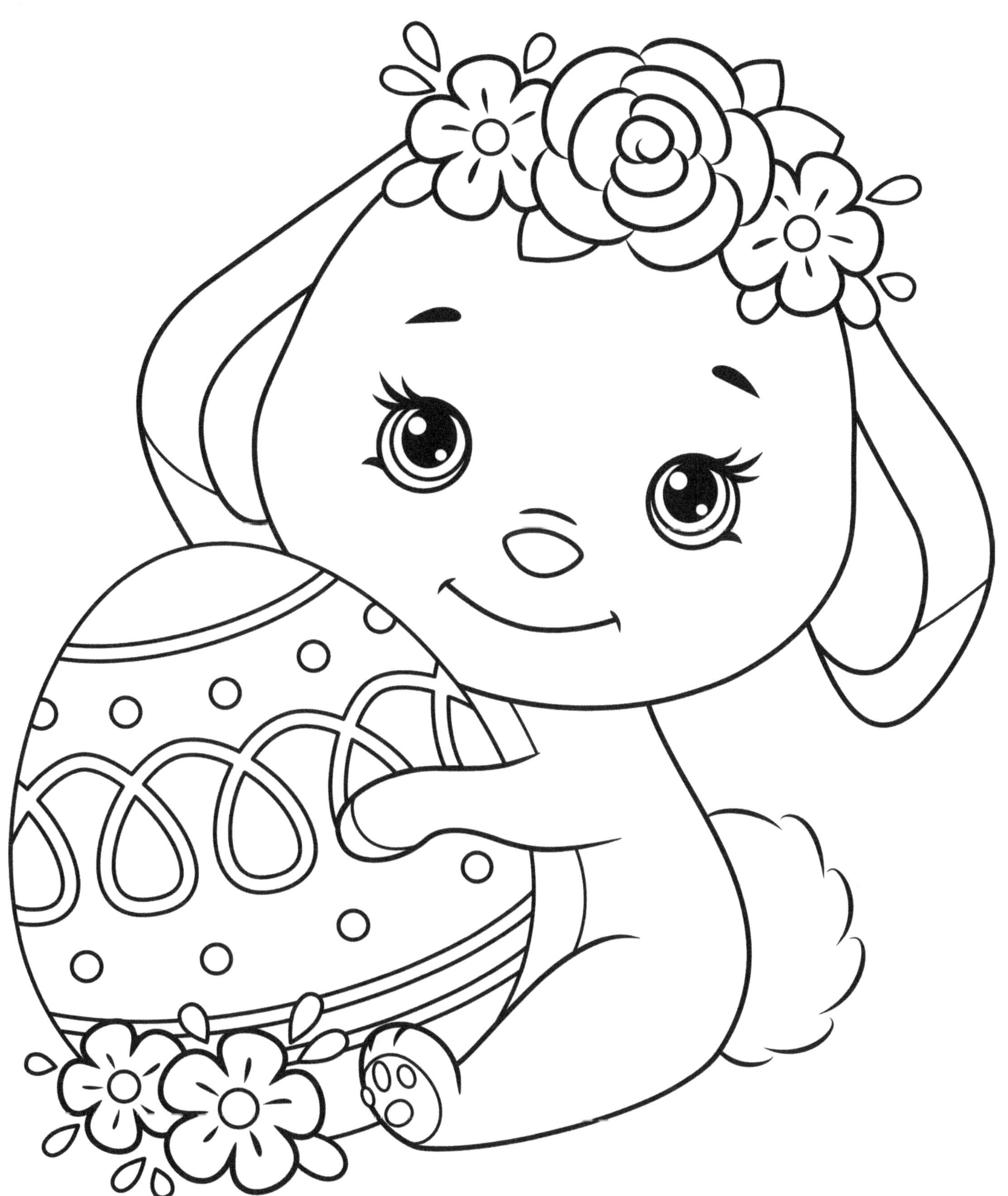

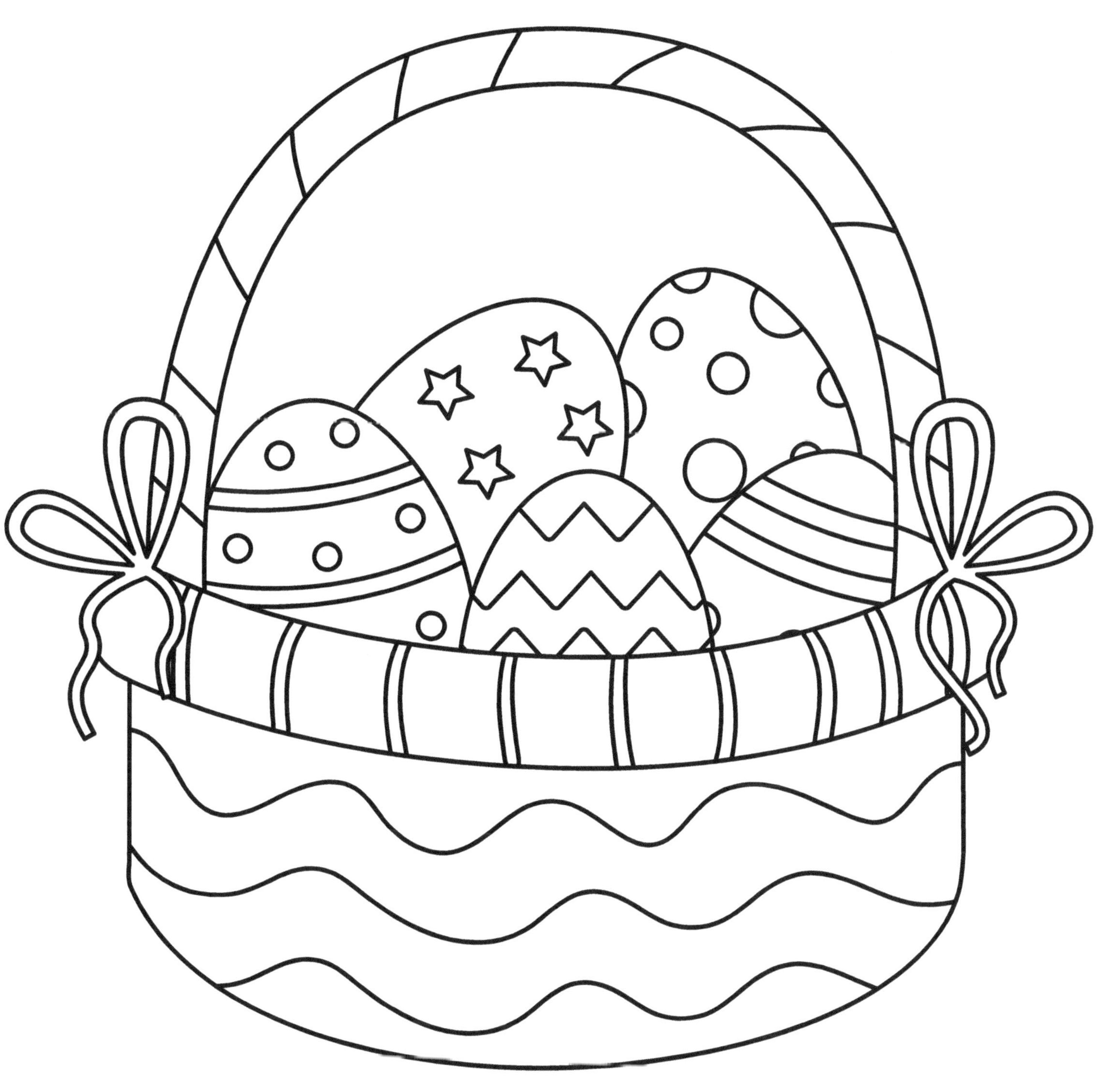

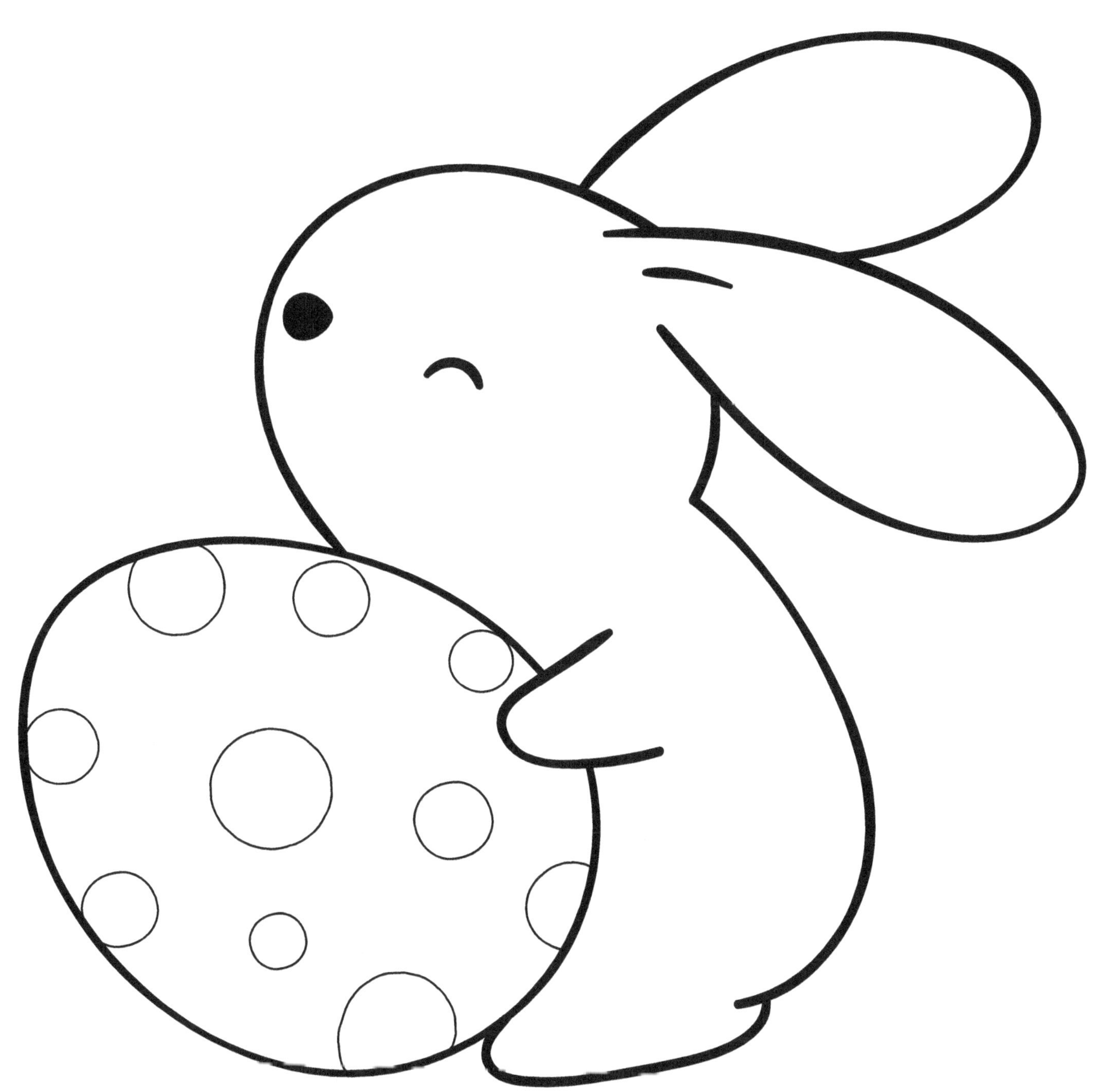

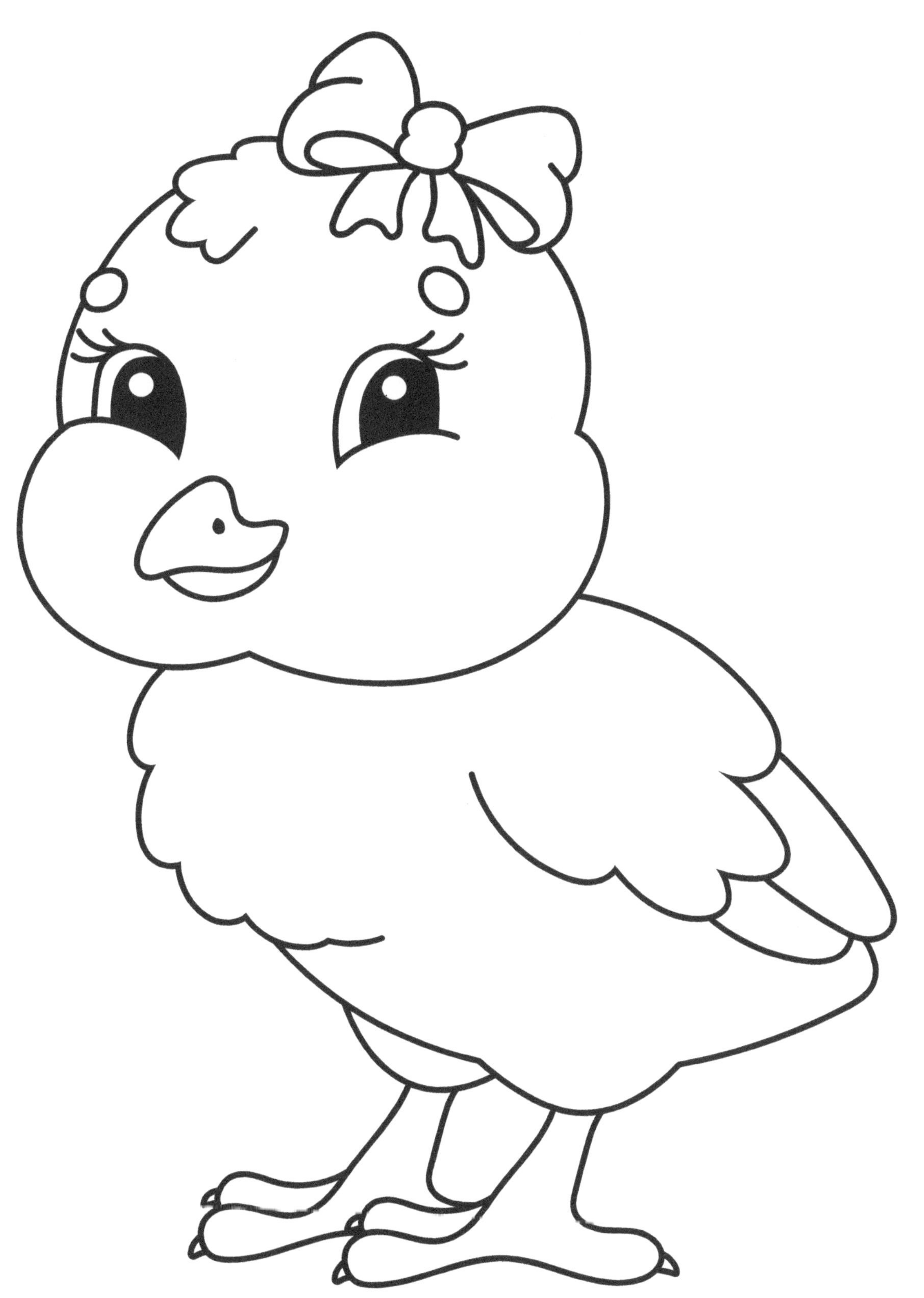

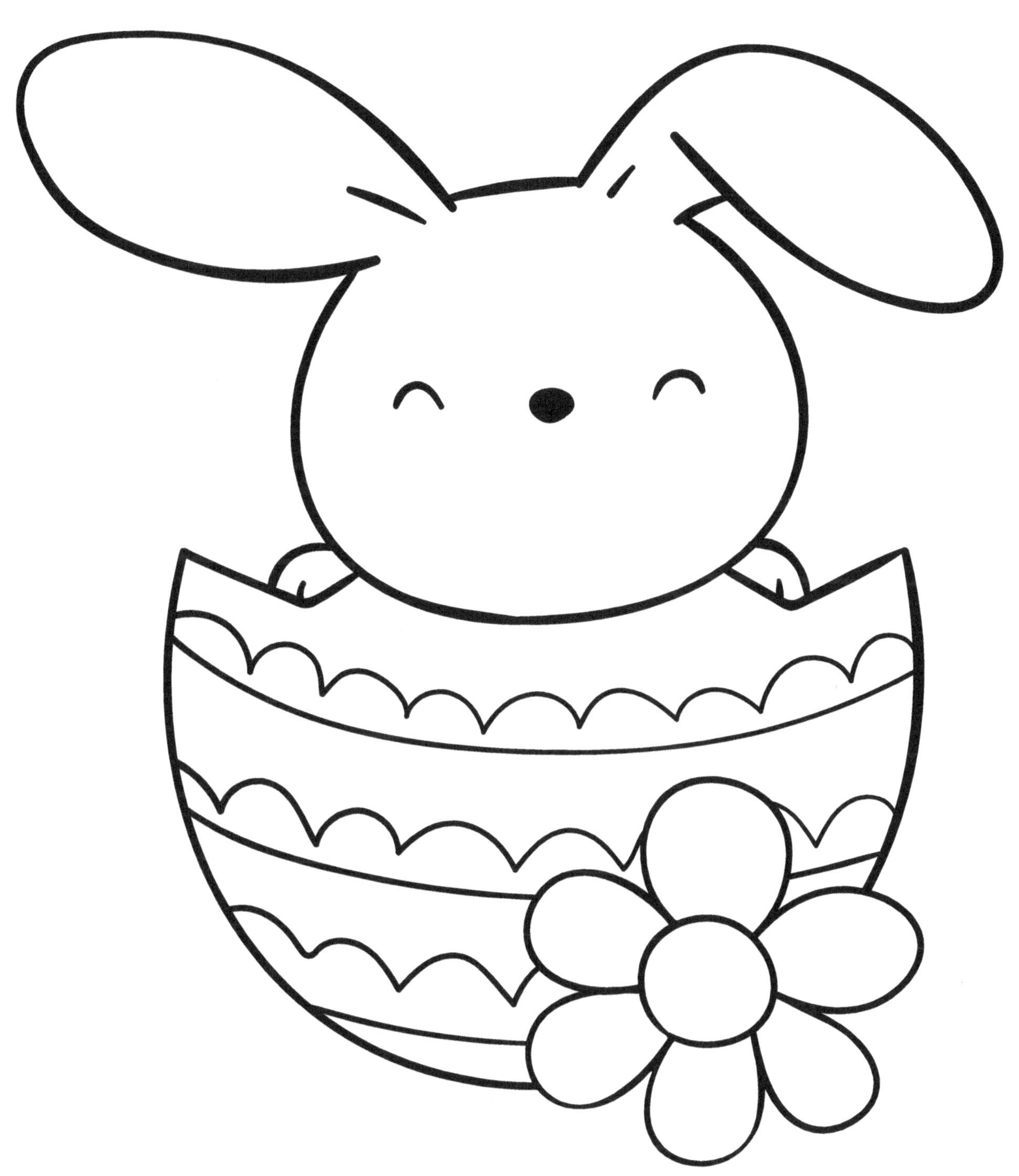

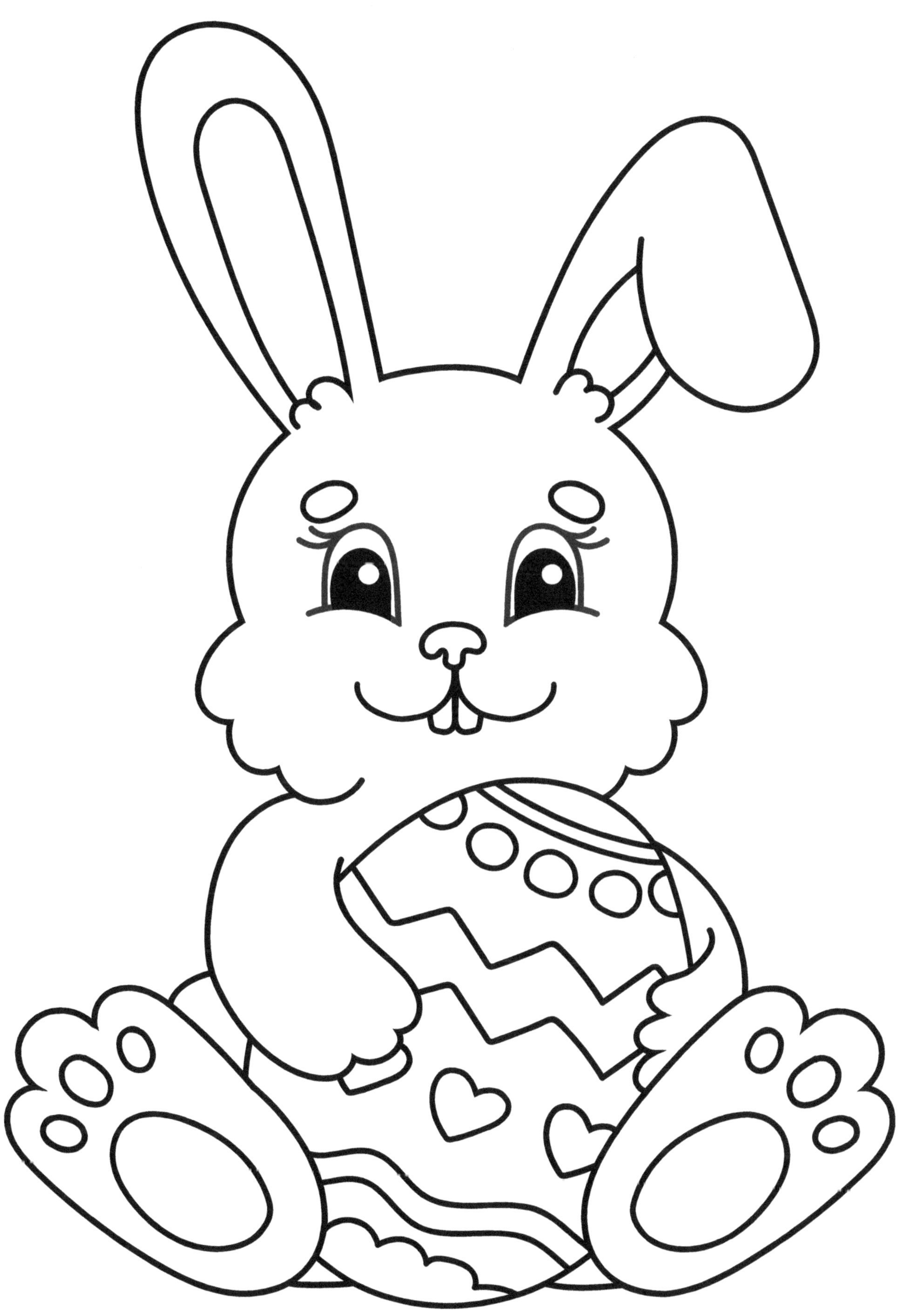

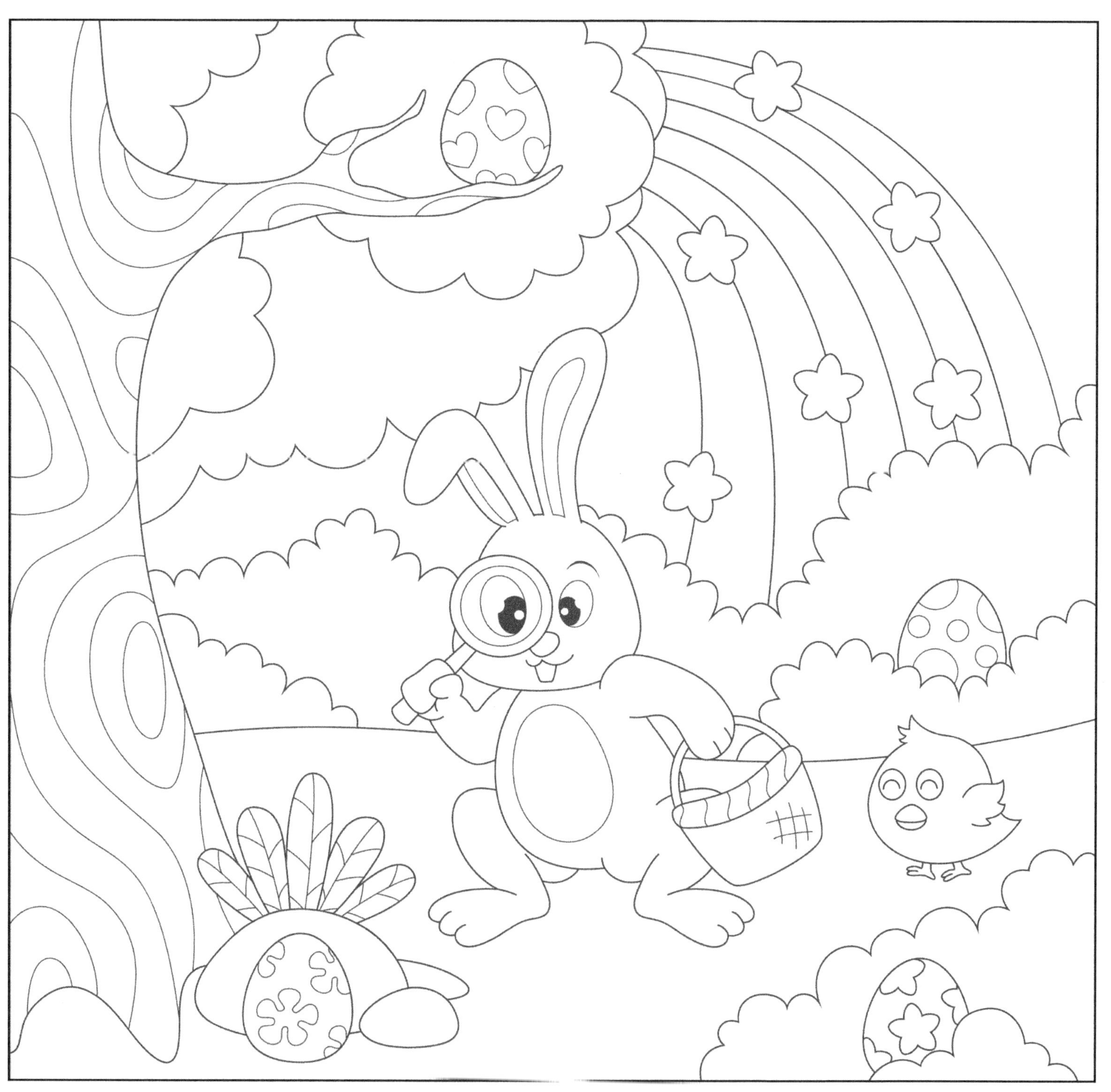

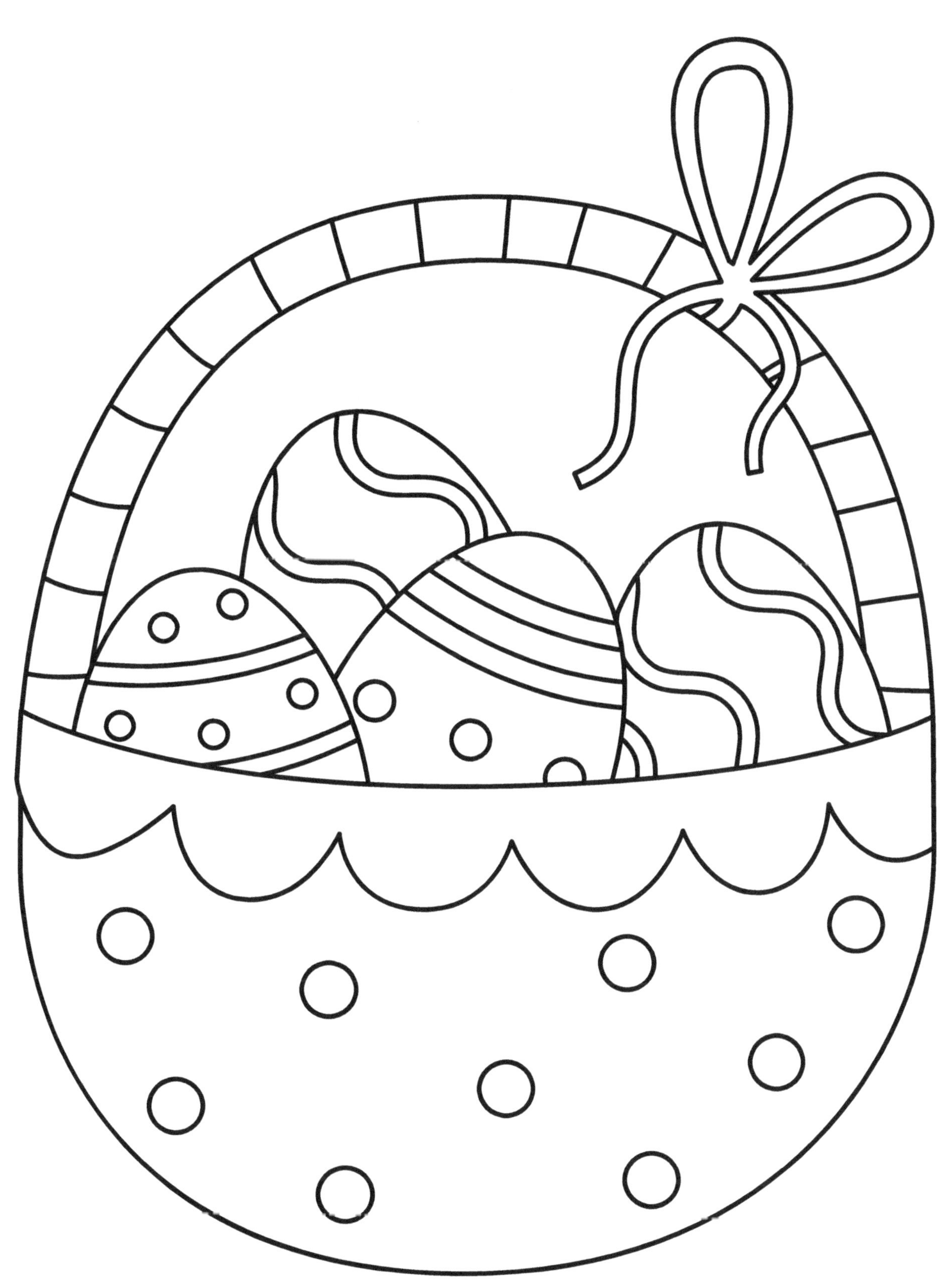

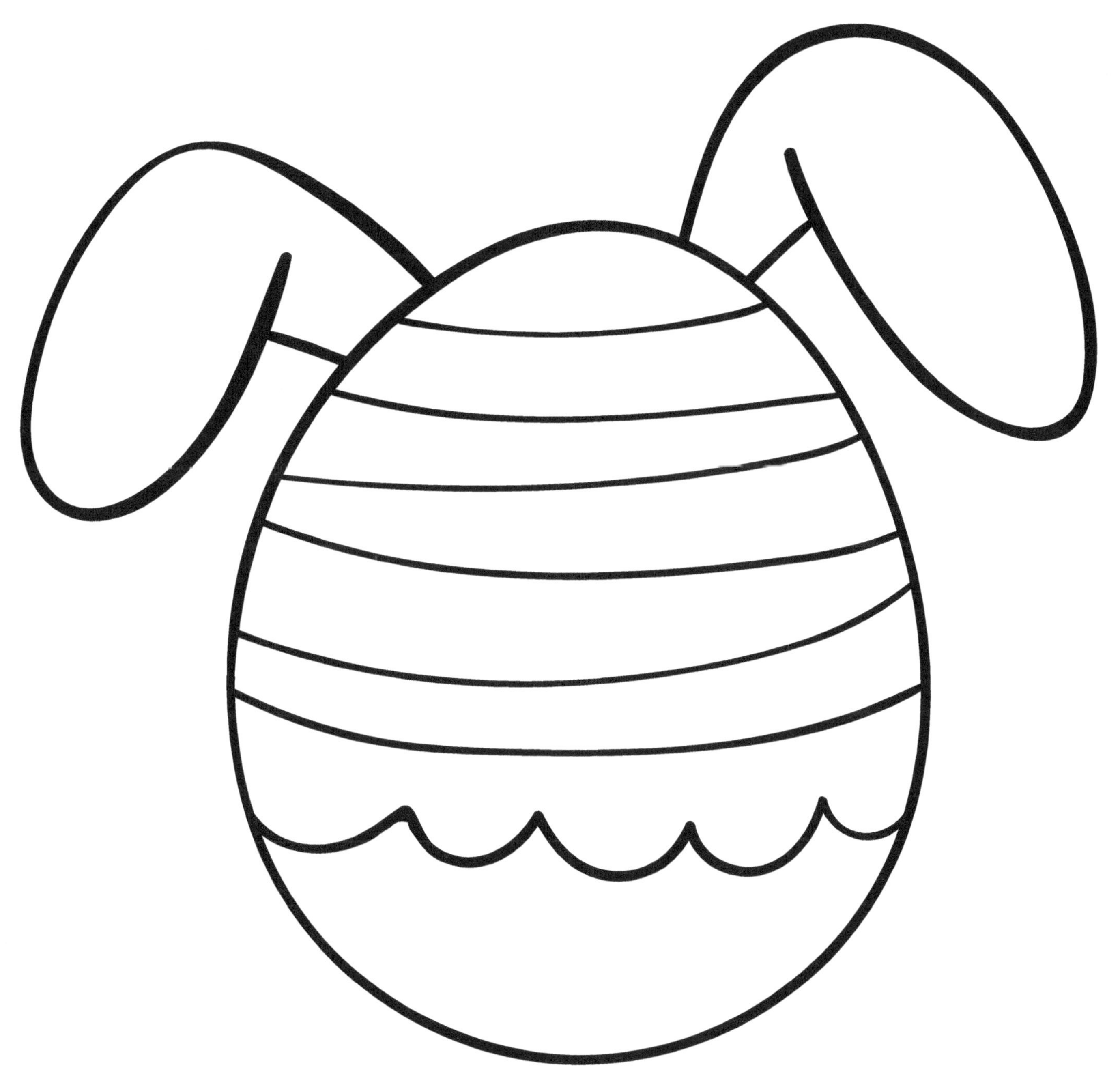

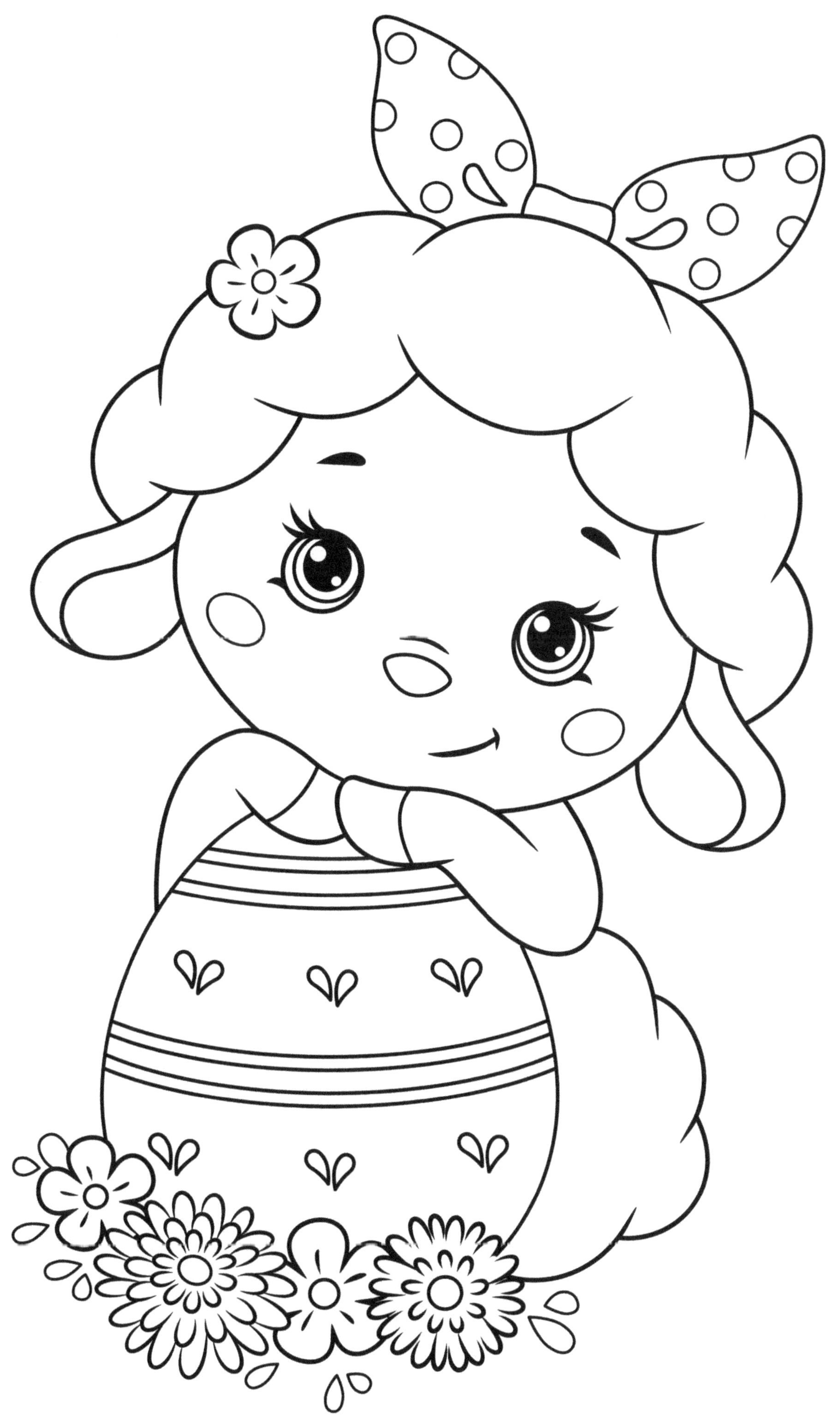

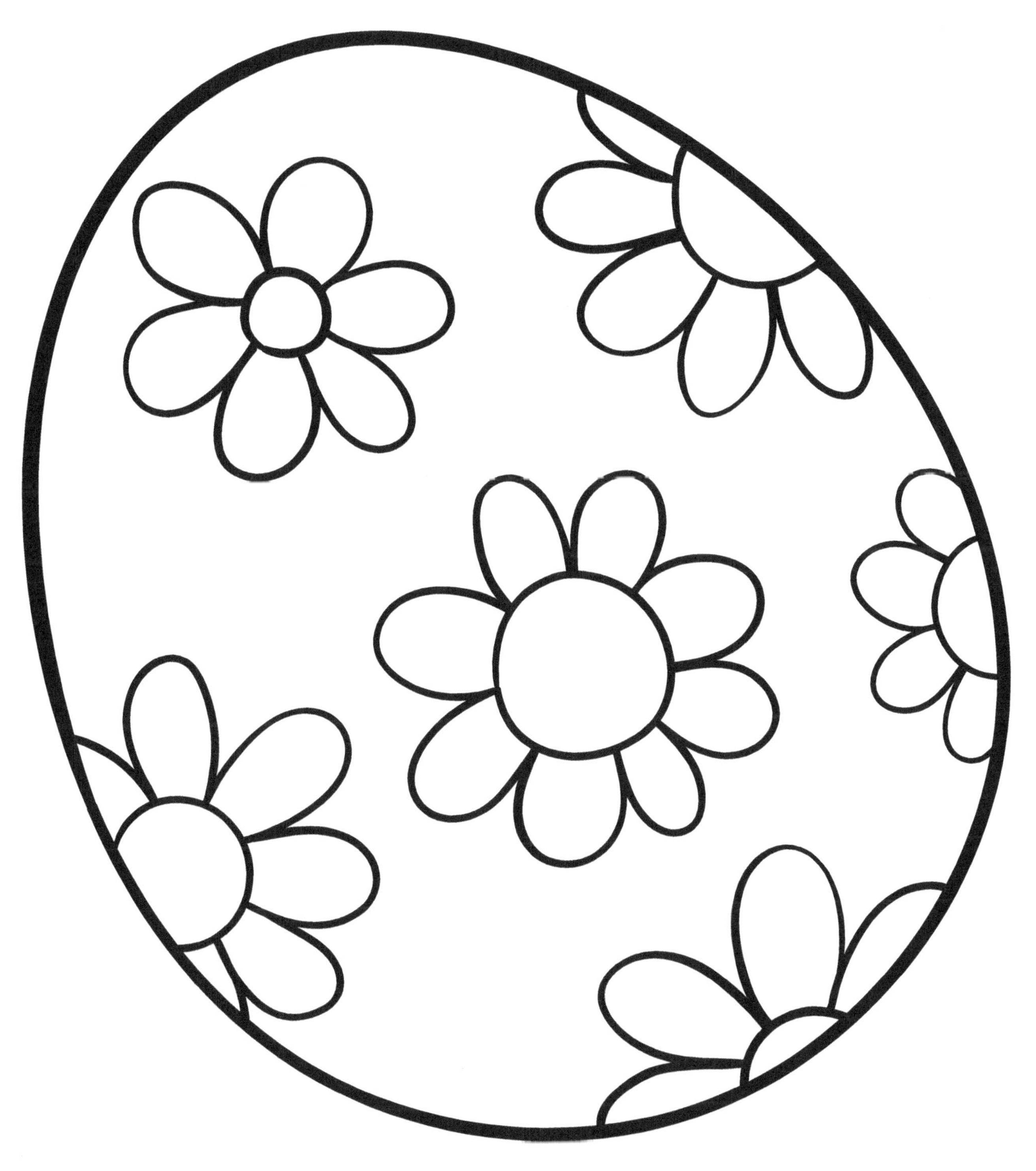

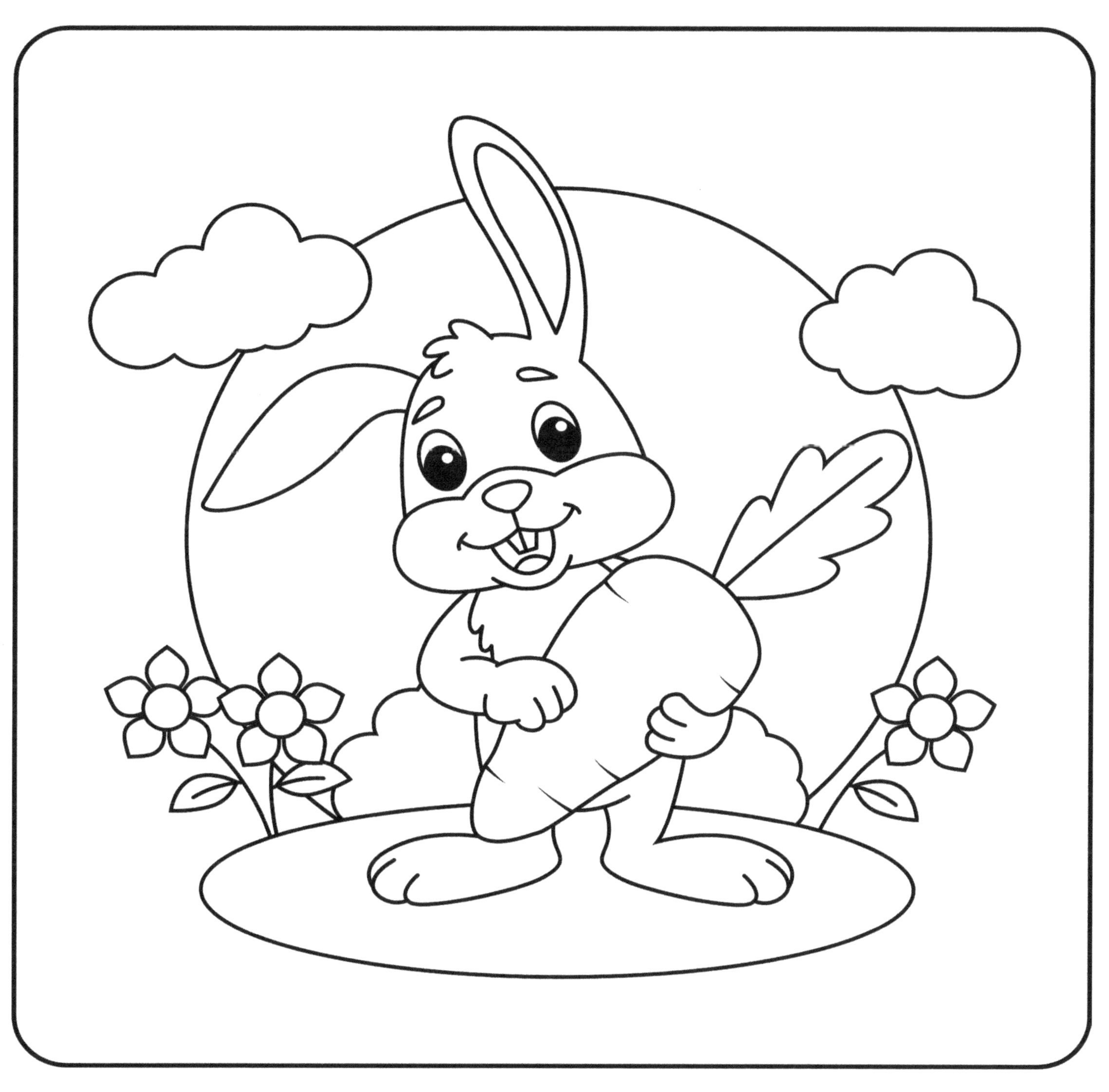

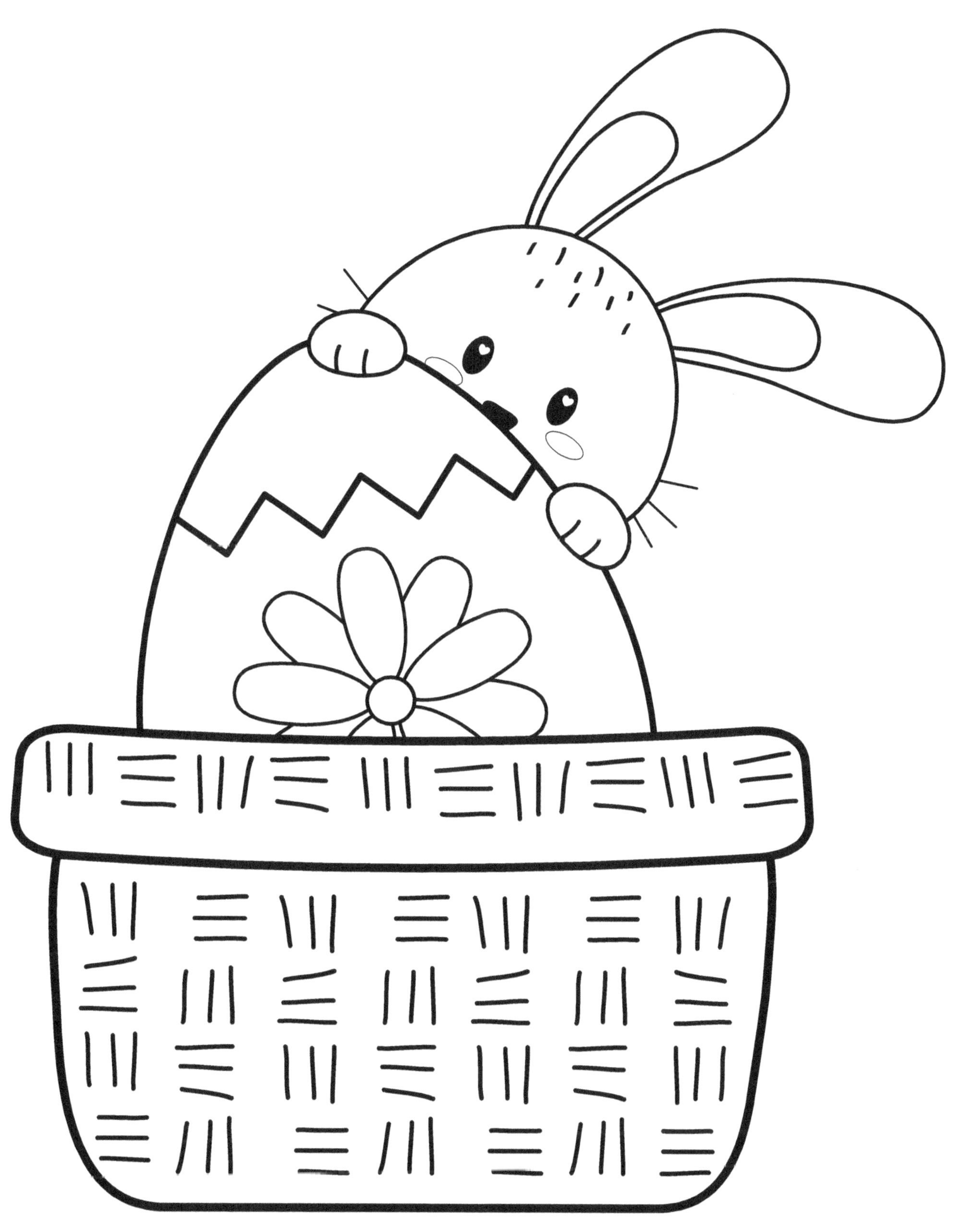

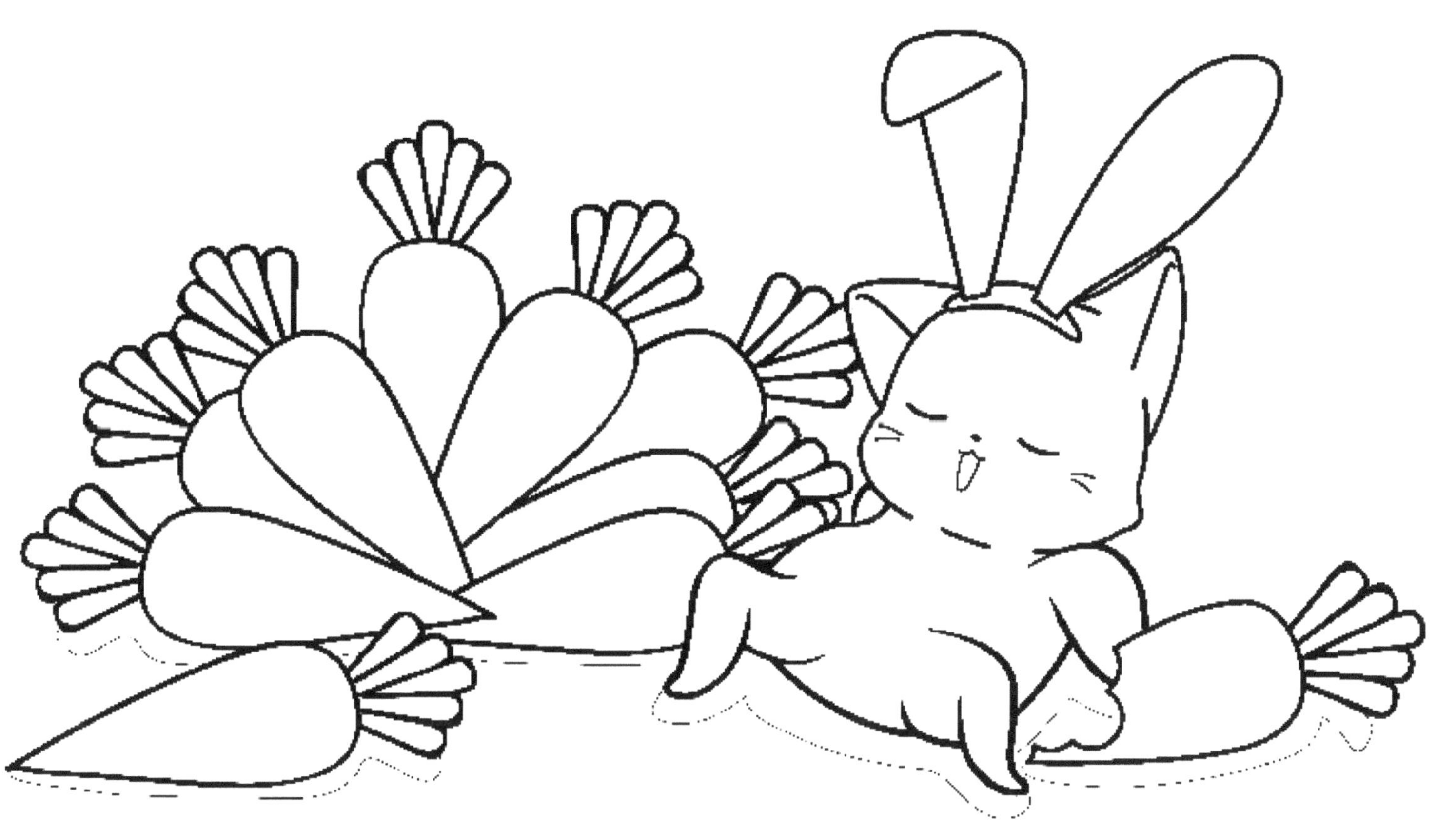

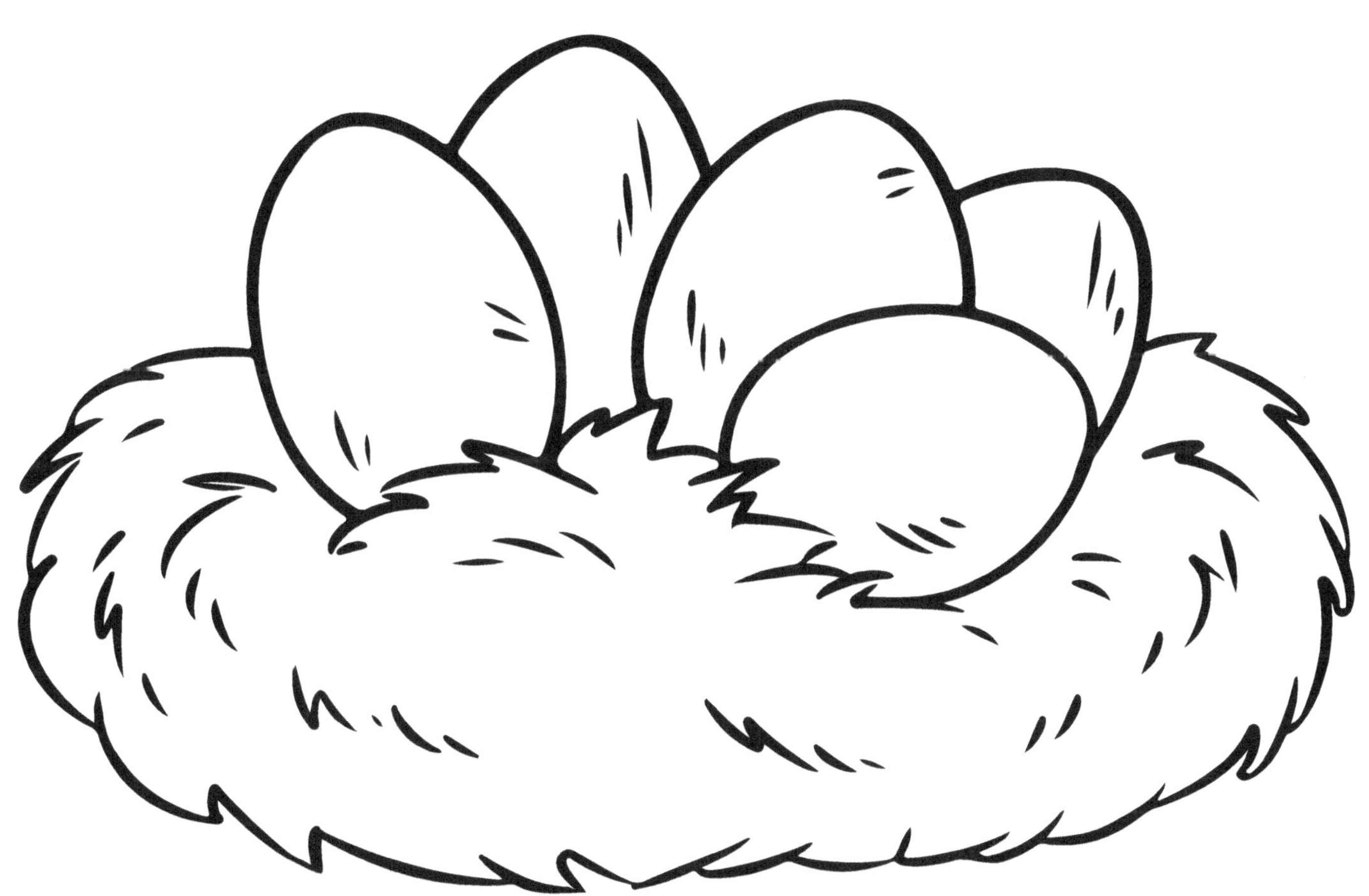

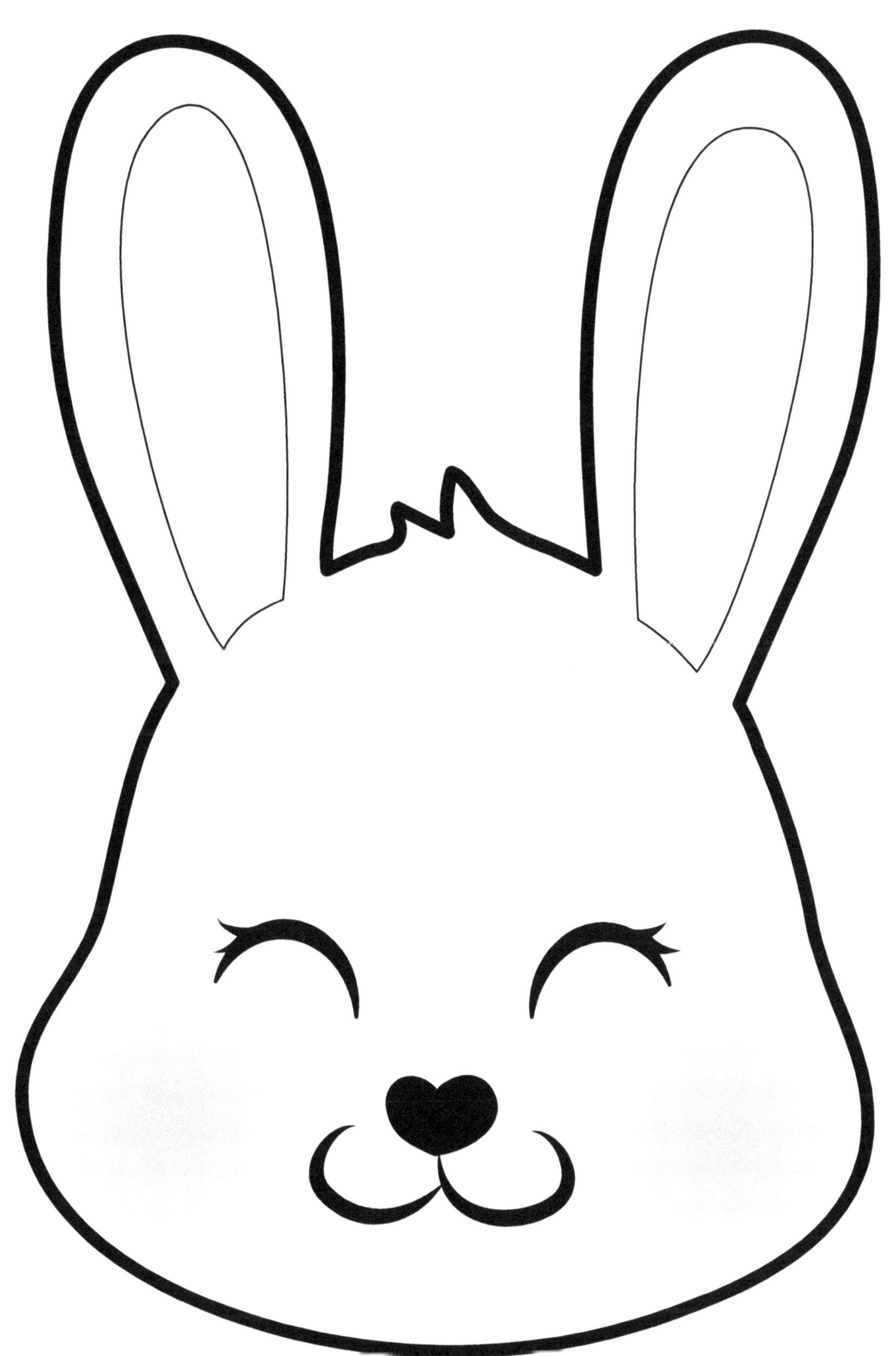

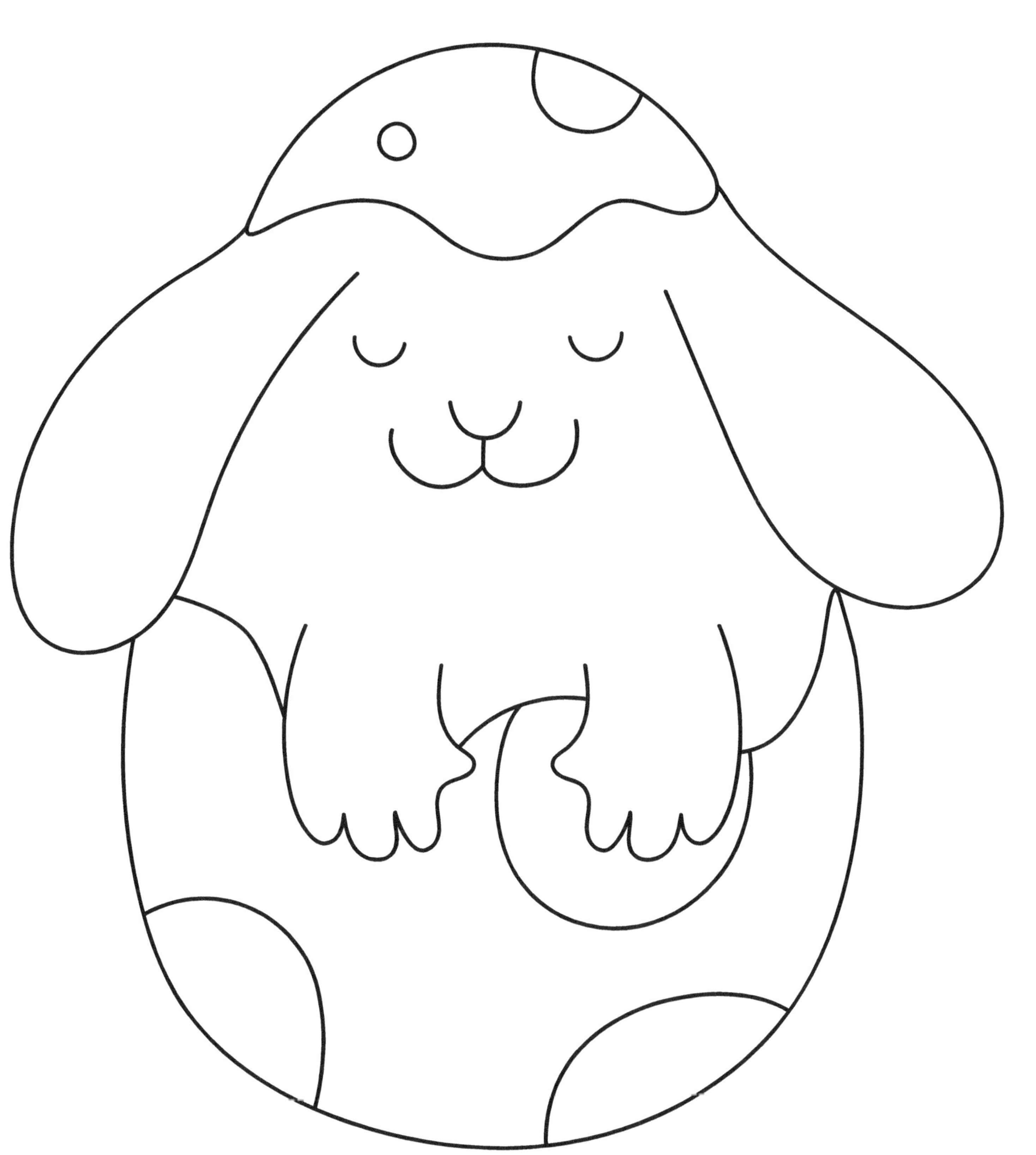

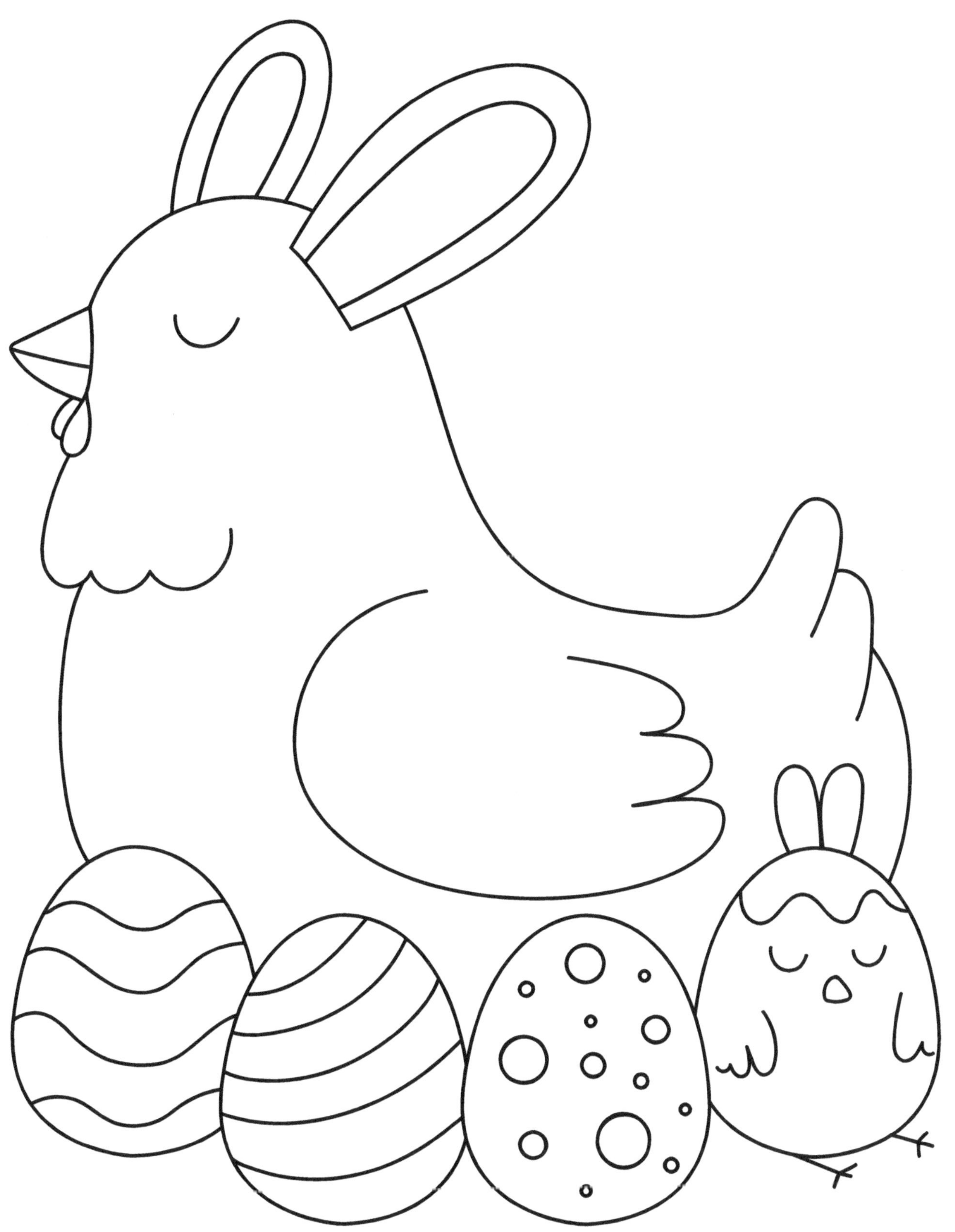

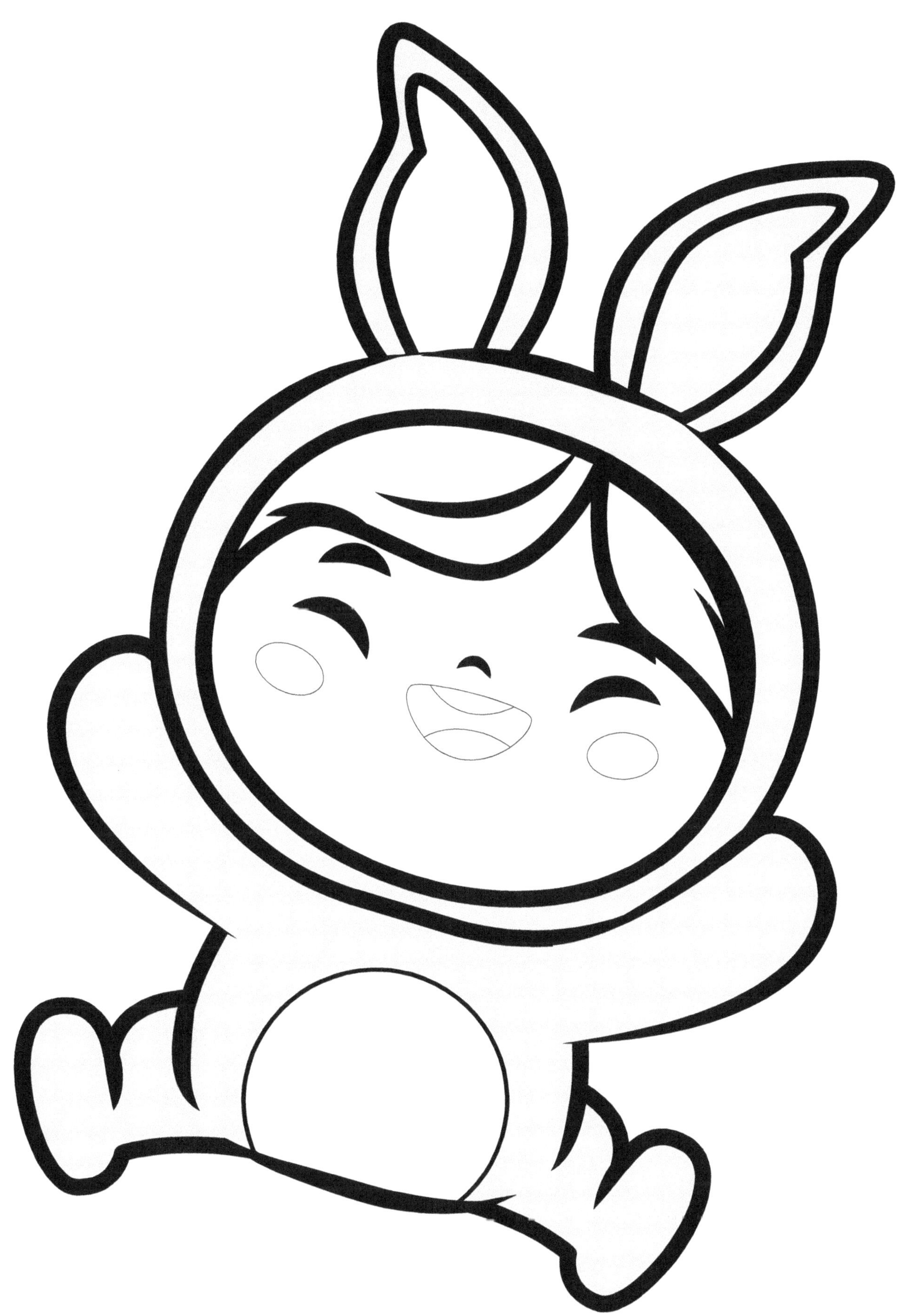

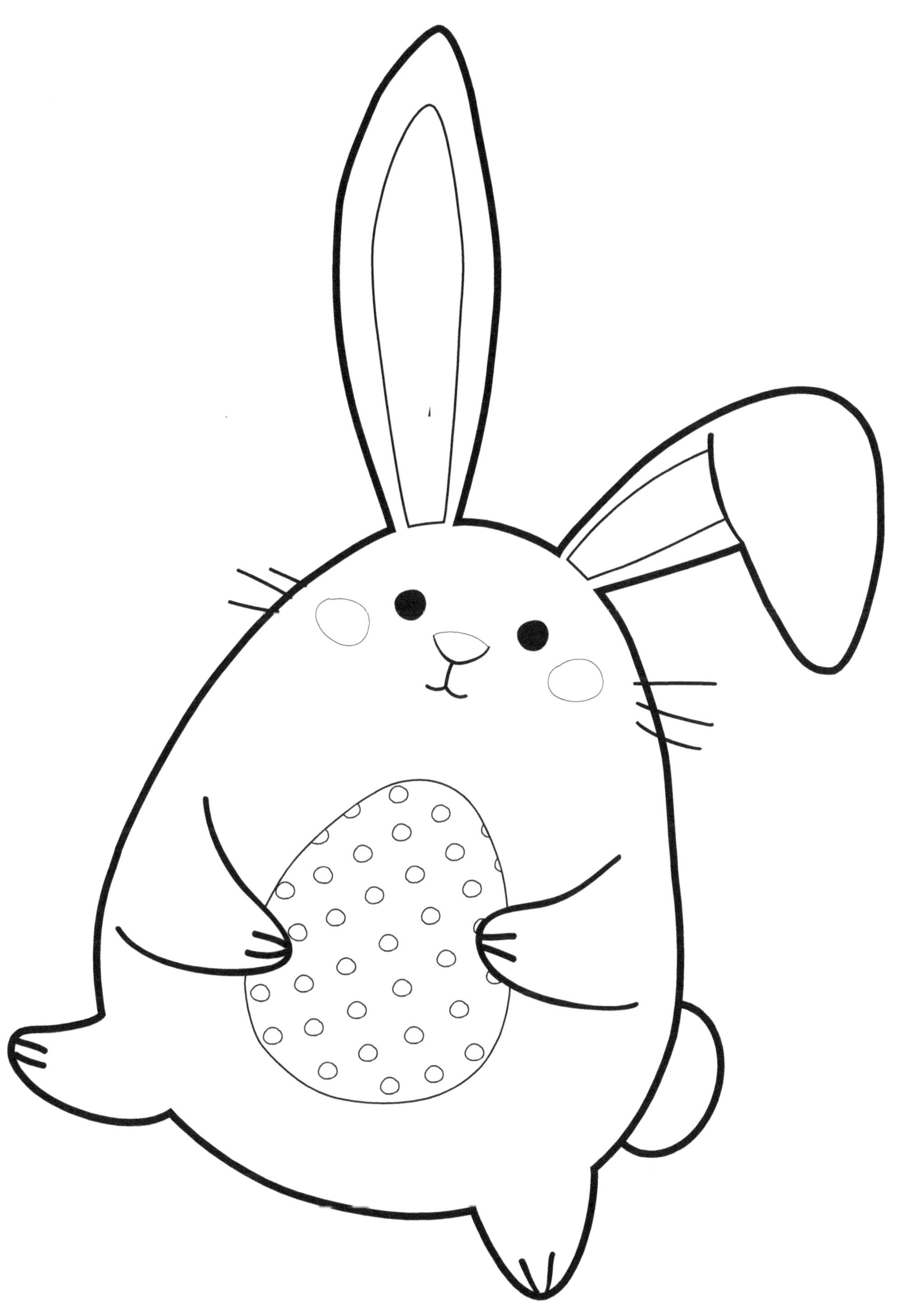

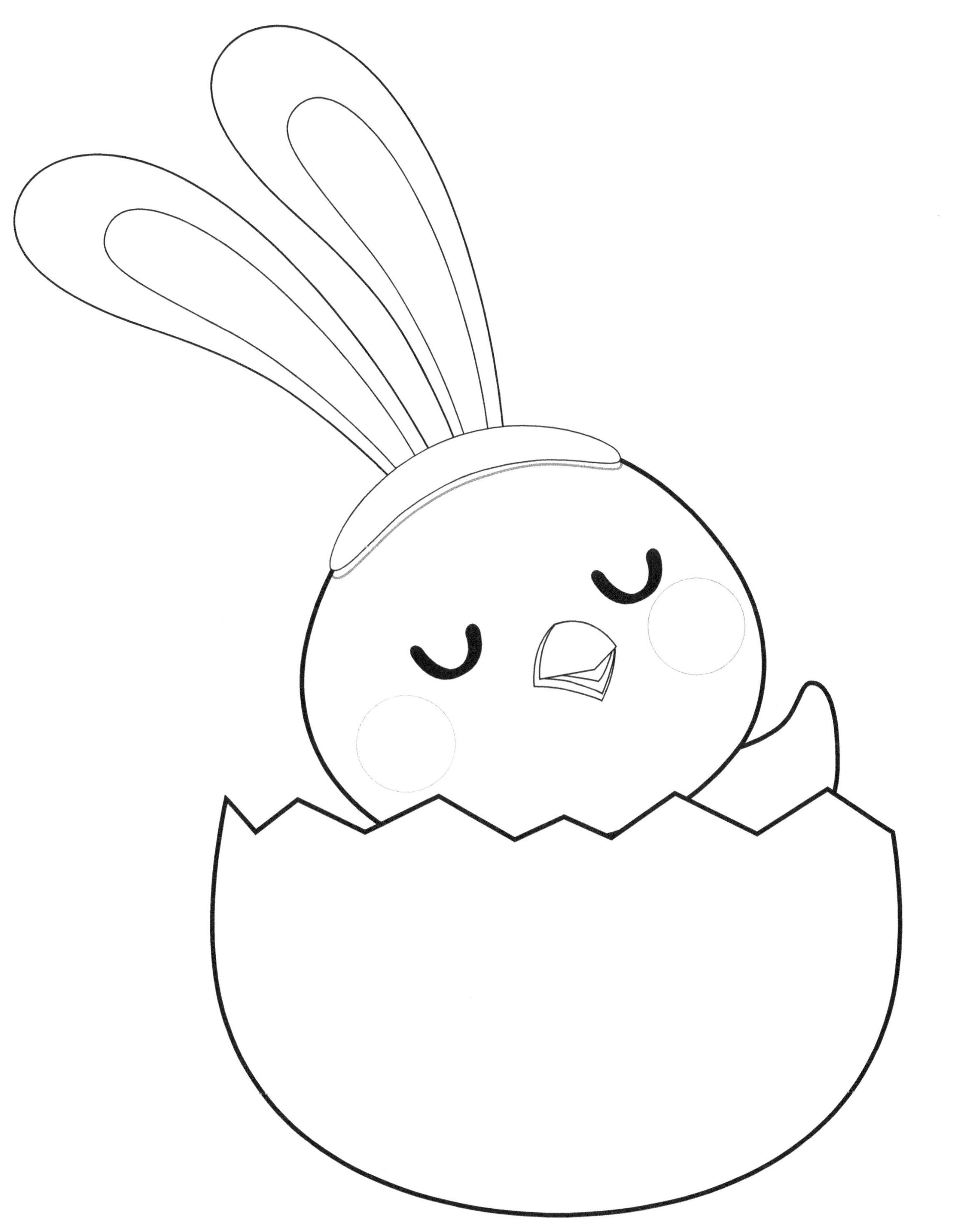

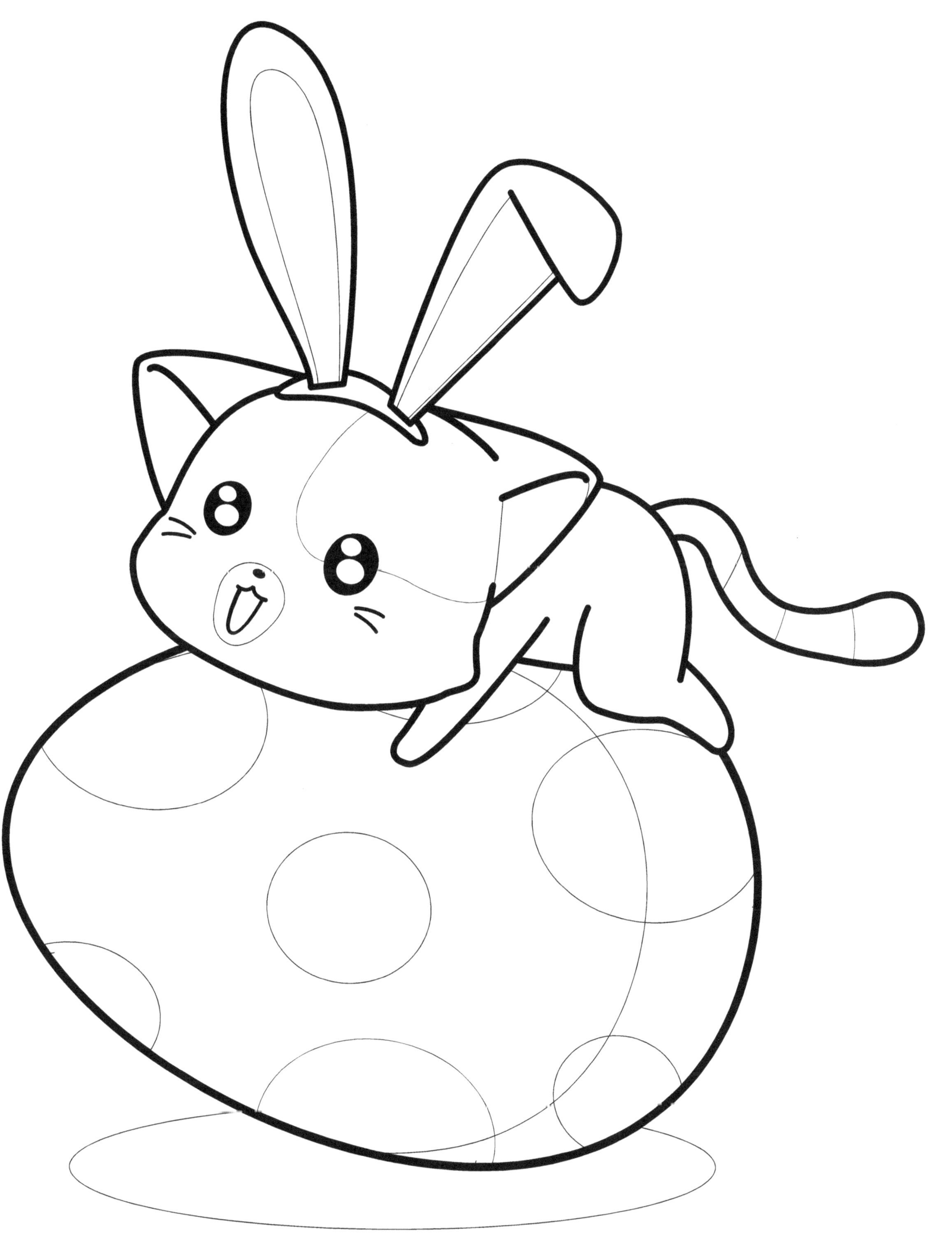

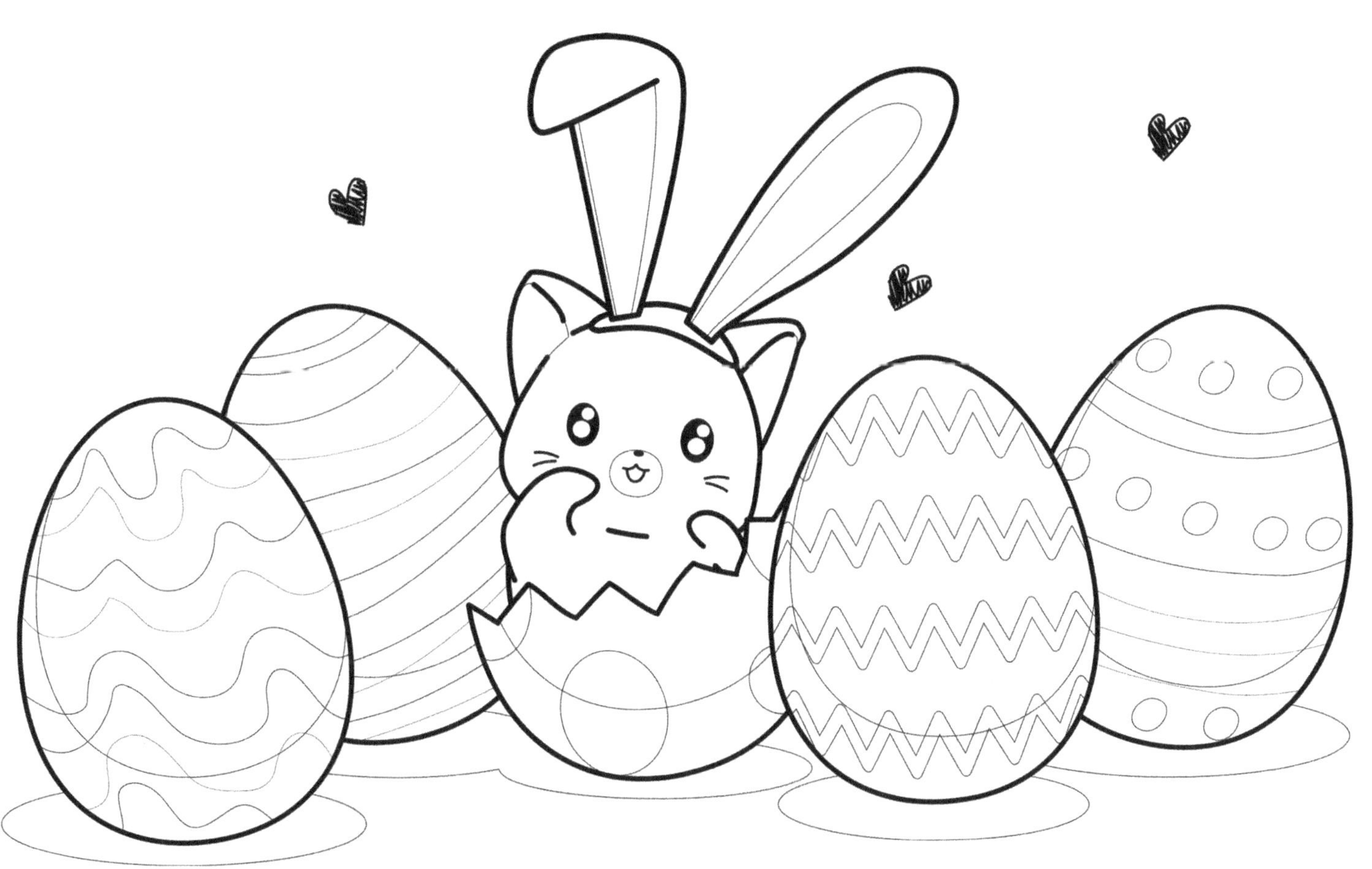